AF256273

Sous-Vide
A Arte da Culinária de Precisão

Luís Martins

Tabela de conteúdo

Caldo de frango

Preparação + tempo de cozimento: 12 horas e 25 minutos |
Porções: 3

Ingredientes:

2 libras de frango, qualquer parte: coxas, peitos

5 xícaras de água

2 talos de aipo picados

2 cebolas brancas picadas

Endereços:

Faça um banho-maria, coloque o Sous Vide nele e ajuste para 194 F.
Separe todos os ingredientes em 2 sacos a vácuo, dobre a parte
superior dos sacos 2 ou 3 vezes. Coloque em banho-maria. Defina o
cronômetro para 12 horas.

Assim que o cronômetro parar, retire os sacos e transfira os
ingredientes para uma panela. Ferva os ingredientes em fogo alto
por 10 minutos. Desligue o fogo e coe. Use o caldo como base de
sopa.

Molho Pomodoro De Cebola

Preparação + tempo de cozedura: 30 minutos | Porções: 4

Ingredientes

4 xícaras de tomates, cortados ao meio e sem caroço

½ cebola picada

½ colher de chá de açúcar

¼ xícara de orégano fresco

2 dentes de alho picados

Sal e pimenta preta a gosto

5 colheres de sopa de azeite

Endereços:

Prepare um banho-maria e coloque nele o Sous Vide. Defina para 175 F. Coloque os tomates, orégano, alho, cebola e açúcar em um saco selado a vácuo. Solte o ar pelo método de deslocamento de água, feche e mergulhe a bolsa no banho-maria. Cozinhe por 15 minutos.

Assim que o cronômetro parar, retire o saco e transfira o conteúdo para um liquidificador e bata por 1 minuto até ficar homogêneo. Cubra com pimenta preta.

Purê de pimentão

Preparação + tempo de cozedura: 40 minutos | Porções: 4

Ingredientes:

8 pimentões vermelhos, sem caroço

⅓ xícara de azeite

2 colheres de sopa de suco de limão

3 dentes de alho esmagados

2 colheres de chá de páprica doce

Endereços:

Faça um banho-maria e coloque nele o Sous Vide e ajuste para 183 F. Coloque os pimentões, o alho e o azeite em um saco selado a vácuo. Liberar o ar pelo método de deslocamento de água, selar e mergulhar os sacos no banho-maria. Ajuste o cronômetro para 20 minutos e cozinhe.

Assim que o cronômetro parar, remova o saco e abra. Transfira o pimentão e o alho para o liquidificador e bata até ficar homogêneo. Coloque uma frigideira em fogo médio; Adicione o purê de pimenta e o restante dos ingredientes. Cozinhe por 3 minutos. Sirva quente ou frio como molho.

Tempero Jalapeño

Preparação + tempo de cozimento: 70 minutos | Porções: 6

Ingredientes:

2 pimentas jalapeño

2 pimentões verdes

2 dentes de alho esmagados

1 cebola descascada apenas

3 colheres de chá de orégano em pó

3 colheres de chá de pimenta preta em pó

2 colheres de chá de alecrim em pó

10 colheres de chá de anis em pó

Endereços

Faça um banho-maria, coloque Sous Vide nele e ajuste para 185 F. Coloque os pimentões e a cebola em um saco selável a vácuo. Solte o ar pelo método de deslocamento de água, feche e mergulhe a bolsa no banho-maria. Defina o cronômetro para 40 minutos.

Assim que o cronômetro parar, remova e abra o saco. Transfira o pimentão e a cebola com 2 colheres de sopa de água para o liquidificador e bata até ficar homogêneo.

Leve uma panela ao fogo baixo, acrescente o purê de pimenta e o restante dos ingredientes. Cozinhe por 15 minutos. Desligue o fogo e deixe esfriar. Guarde em um pote de temperos, leve à geladeira e use por até 7 dias. Use-o como tempero.

Caldo de carne

Preparação + tempo de cozimento: 13 horas e 25 minutos |
Porções: 6

Ingredientes:

3 quilos de pernas de boi

1 ½ lb de ossos de boi

1/2 quilo de carne moída

5 xícaras de pasta de tomate

6 cebolas doces

3 cabeças de alho

6 colheres de sopa de pimenta preta

5 raminhos de tomilho

4 folhas de louro

10 xícaras de água

Endereços:

Pré-aqueça o forno a 425 F. Coloque os ossos e as pernas de boi em
uma assadeira e esfregue-os com a pasta de tomate. Adicione o alho
e a cebola. Deixou de lado. Coloque e esmigalhe a carne moída em
outra assadeira. Coloque as assadeiras no forno e asse até dourar.

Feito isso, escorra a gordura das assadeiras. Faça um banho-maria em um recipiente grande, coloque o Sous Vide nele e ajuste para 195 F. Separe a carne moída, os vegetais assados, a pimenta-do-reino, o tomilho e o louro em 3 sacos a vácuo. Deglaze as assadeiras com água e coloque nos sacos. Dobre a parte superior dos sacos 2 a 3 vezes.

Coloque os sacos em banho-maria e fixe-os no recipiente Sous Vide. Defina o cronômetro para 13 horas. Assim que o cronômetro parar, retire os sacos e transfira os ingredientes para uma panela. Leve os ingredientes para ferver em fogo alto. Cozinhe por 15 minutos. Desligue o fogo e coe. Use o caldo como base de sopa.

Esfregar alho e manjericão

Preparação + tempo de cozedura: 55 minutos | Porções: 15

Ingredientes:

2 cabeças de alho esmagadas

2 colheres de chá de azeite

Uma pitada de sal

1 bulbo de erva-doce picado

2 limões ralados e espremidos

¼ açúcar

25 folhas de manjericão

Endereços:

Faça um banho-maria, coloque Sous Vide nele e ajuste para 185 F. Coloque a erva-doce e o açúcar em um saco selável a vácuo. Solte o ar pelo método de deslocamento de água, feche e mergulhe a bolsa no banho-maria. Defina o cronômetro para 40 minutos. Assim que o cronômetro parar, remova e abra o saco.

Transfira a erva-doce, o açúcar e os ingredientes restantes da lista para um liquidificador e bata até ficar homogêneo. Guarde em um recipiente para temperos e use por até uma semana na geladeira.

Molho Balsâmico de Cebola e Mel

Preparação + tempo de cozimento: 1 hora e 55 minutos | Porções: 1)

Ingredientes

3 cebolas doces picadas

1 colher de sopa de manteiga

Sal e pimenta preta a gosto

2 colheres de sopa de vinagre balsâmico

1 colher de sopa de mel

2 colheres de chá de folhas frescas de tomilho

Endereços

Prepare um banho-maria e coloque nele o Sous Vide. Defina-o para 186F.

Aqueça uma frigideira em fogo médio com manteiga. Adicione a cebola, tempere com sal e pimenta e cozinhe por 10 minutos. Adicione o vinagre balsâmico e cozinhe por 1 minuto. Retire do fogo e despeje o mel.

Coloque a mistura em um saco selável a vácuo. Solte o ar pelo método de deslocamento de água, feche e mergulhe a bolsa no banho-maria. Cozinhe por 90 minutos. Assim que o cronômetro parar, retire o saco e transfira-o para um prato. Decore com tomilho fresco. Sirva com pizza ou sanduíche.

Molho de tomate

Preparação + tempo de cozedura: 55 minutos | Porções: 4

Ingredientes:

1 lata (16 onças) de tomate esmagado

1 cebola branca pequena, cortada em cubos

1 xícara de folhas frescas de manjericão

1 colher de sopa de azeite

1 dente de alho esmagado

Sal a gosto

1 folha de louro

1 pimenta vermelha

Endereços:

Faça um banho-maria, coloque Sous Vide nele e ajuste para 185 F. Coloque todos os ingredientes listados em um saco selável a vácuo. Solte o ar pelo método de deslocamento de água, feche e mergulhe a bolsa no banho-maria. Defina o cronômetro para 40 minutos. Assim que o cronômetro parar, remova e abra o saco. Descarte a folha de louro e transfira o restante dos ingredientes para um liquidificador e bata suavemente. Sirva como molho.

Sopa de Frutos do Mar

Preparação + tempo de cozimento: 10 horas e 10 minutos |
Porções: 6

Ingredientes:

1 libra de cascas de camarão, cabeça e cauda

3 xícaras de água

1 colher de sopa de azeite

2 colheres de chá de sal

2 raminhos de alecrim

½ cabeça de alho esmagado

½ xícara de folhas de aipo picadas

Endereços:

Faça um banho-maria, coloque o Sous Vide e ajuste para 180 F.
Misture o camarão com o azeite. Coloque o camarão com os
ingredientes restantes listados em um saco selável a vácuo. Solte o
ar, feche e mergulhe a bolsa no banho-maria e ajuste o cronômetro
para 10 horas.

Sopa de peixe

Preparação + tempo de cozimento: 10 horas e 15 minutos | Porções: 4

Ingredientes:

5 xícaras de água

½ libra de filé de peixe, pele

1 libra de cabeça de peixe

5 cebolas verdes médias

3 cebolas doces

¼ libra de alga preta (Kombu)

Endereços:

Faça um banho-maria, coloque Sous Vide nele e ajuste para 194 F. Separe todos os ingredientes listados igualmente em 2 sacos a vácuo, dobre a parte superior dos sacos 2 vezes. Coloque-os em banho-maria e coloque-os no recipiente Sous Vide. Defina o cronômetro para 10 horas.

Assim que o cronômetro parar, retire os sacos e transfira os ingredientes para uma panela. Ferva os ingredientes em fogo alto por 5 minutos. Desligue o fogo e coe. Leve à geladeira e use por até 14 dias.

Molho de Espargos com Mostarda

Preparação + tempo de cozedura: 30 minutos | Porções: 2

Ingredientes

1 maço de aspargos grandes

Sal e pimenta preta a gosto

¼ xícara de azeite

1 colher de chá de mostarda Dijon

1 colher de chá de endro

1 colher de chá de vinagre de vinho tinto

1 ovo cozido, picado

Salsa fresca picada

Endereços

Prepare um banho-maria e coloque nele o Sous Vide. Defina-o para 186F.

Pique o fundo dos aspargos e descarte.

Descasque a parte inferior do caule e coloque-a em um saco selável a vácuo. Solte o ar pelo método de deslocamento de água, feche e mergulhe a bolsa no banho-maria. Cozinhe por 15 minutos.

Assim que o cronômetro parar, retire o saco e transfira-o para um banho de gelo. Separe os sucos do cozimento. Numa tigela, para o vinagrete, misture o azeite, o vinagre e a mostarda; mexa bem. Tempere com sal e transfira para uma jarra de vidro. Sele e agite até incorporar bem. Cubra com a salsa, o ovo e o vinagrete.

Sopa de verduras

Preparação + tempo de cozimento: 12 horas e 35 minutos |
Porções: 10)

Ingredientes:

1 ½ xícara de raiz de aipo cortada em cubos

1 ½ xícara de alho-poró picado

½ xícara de bulbo de erva-doce, cortado em cubos

4 dentes de alho esmagados

1 colher de sopa de azeite

6 xícaras de água

1 ½ xícara de cogumelos

½ xícara de salsa picada

1 colher de sopa de pimenta preta

1 folha de louro

Endereços:

Faça um banho-maria, coloque o Sous Vide e ajuste para 180 F. Pré-
aqueça o forno a 450 F. Coloque o alho-poró, o aipo, a erva-doce, o
alho e o azeite em uma tigela. Jogue-os. Transfira para uma
assadeira e leve ao forno. Asse por 20 minutos.

Coloque os legumes assados com o sumo, a água, a salsa, a pimenta, os cogumelos e a folha de louro num saco selado a vácuo. Solte o ar, feche e mergulhe a bolsa no banho-maria e ajuste o cronômetro para 12 horas. Cubra o recipiente do banho-maria com filme plástico para reduzir a evaporação e continue adicionando água ao banho para manter os vegetais cobertos.

Assim que o cronômetro parar, remova e abra o saco. Coe os ingredientes. Deixe esfriar e use congelado por até 1 mês.

Assim que o cronômetro parar, remova e abra o saco. Coe os ingredientes. Deixe esfriar e use congelado por até 2 semanas.

Queijo Edamame Tabasco Alho

Preparação + tempo de cozimento: 1 hora e 6 minutos | Porções: 4

Ingredientes

1 colher de sopa de azeite

4 xícaras de vagens de edamame frescas

1 colher de chá de sal

1 dente de alho picado

1 colher de sopa de pimenta vermelha em flocos

1 colher de sopa de molho Tabasco

Endereços

Prepare um banho-maria e coloque nele o Sous Vide. Defina-o para 186F.

Aqueça uma panela com água em fogo alto e escalde as panelas de edamame por 60 segundos. Coe e transfira para banho de água gelada. Combine o alho, os flocos de pimenta vermelha, o molho Tabasco e o azeite.

Coloque o edamame em um saco selável a vácuo. Despeje o molho Tabasco. Solte o ar pelo método de deslocamento de água, feche e mergulhe a bolsa no banho-maria. Cozinhe por 1 hora. Assim que o cronômetro parar, retire o saco, transfira para uma tigela e sirva.

Purê de ervilha com ervas

Preparação + tempo de cozedura: 55 minutos | Porções: 6

Ingredientes

½ xícara de caldo de legumes

1 libra de ervilhas frescas

Raspas de 1 limão

2 colheres de sopa de manjericão fresco picado

1 colher de sopa de azeite

Sal e pimenta preta a gosto

2 colheres de sopa de cebolinha fresca picada

2 colheres de sopa de salsa fresca picada

¾ colher de chá de alho em pó

Endereços

Prepare um banho-maria e coloque nele o Sous Vide. Defina-o para 186F.

Misture as ervilhas, as raspas de limão, o manjericão, o azeite, a pimenta-do-reino, a cebolinha, a salsa, o sal e o alho em pó e coloque em um saco selado a vácuo. Solte o ar pelo método de deslocamento de água, feche e mergulhe a bolsa no banho-maria. Cozinhe por 45 minutos. Assim que o cronômetro parar, retire o saquinho e transfira para o liquidificador e bata bem.

Purê de Batata Assada com Sálvia

Preparação + tempo de cozimento: 1 hora e 35 minutos | Porções:
6

Ingredientes

¼ xícara de manteiga

12 batatas doces sem casca

10 dentes de alho picados

4 colheres de chá de sal

6 colheres de sopa de azeite

5 raminhos de sálvia fresca

1 colher de sopa de páprica

Endereços

Prepare um banho-maria e coloque nele o Sous Vide. Defina-o para
192F.

Misture as batatas, o alho, o sal, o azeite e 2 ou 3 tomilhos e coloque
num saco selado a vácuo. Solte o ar pelo método de deslocamento
de água, feche e mergulhe a bolsa no banho-maria. Cozinhe por 1
hora e 15 minutos.

Pré-aqueça o forno a 450 F. Assim que o cronômetro parar, retire as batatas e transfira-as para uma tigela. Separe os sucos do cozimento.

Misture bem as batatas com a manteiga e o restante das folhas de sálvia. Transfira para uma assadeira previamente forrada com papel alumínio. Faça um buraco no centro das batatas e despeje o suco do cozimento. Asse as batatas por 10 minutos, virando-as 5 minutos depois. Descarte o sábio. Transfira para um prato e sirva polvilhado com páprica.

Espargos na Manteiga com Tomilho e Queijo

Preparação + tempo de cozedura: 21 minutos | Porções: 6

Ingredientes

¼ xícara de queijo Pecorino Romano ralado

16 onças de aspargos frescos, aparados

4 colheres de sopa de manteiga em cubos

Sal a gosto

1 dente de alho picado

1 colher de sopa de tomilho

Endereços

Prepare um banho-maria e coloque nele o Sous Vide. Defina-o para 186F.

Coloque os aspargos em um saco selado a vácuo. Adicione os cubos de manteiga, o alho, o sal e o tomilho. Solte o ar pelo método de deslocamento de água, feche e mergulhe a bolsa no banho-maria. Cozinhe por 14 minutos.

Assim que o cronômetro parar, retire o saco e transfira os aspargos para um prato. Polvilhe com alguns sucos do cozimento. Decore com queijo Pecorino Romano.

Pastinagas salgadas com cobertura de mel

Preparação + tempo de cozimento: 1 hora e 8 minutos | Porções: 4

Ingredientes

500g de pastinaga descascada e picada

3 colheres de sopa de manteiga

2 colheres de sopa de mel

1 colher de chá de azeite

Sal e pimenta preta a gosto

1 colher de sopa de salsa fresca picada

Endereços

Prepare um banho-maria e coloque nele o Sous Vide. Defina-o para 186F.

Coloque as pastinacas, a manteiga, o mel, o azeite, o sal e a pimenta num saco selado a vácuo. Solte o ar pelo método de deslocamento de água, feche e mergulhe a bolsa no banho-maria. Cozinhe por 1 hora.

Aqueça uma frigideira em fogo médio. Assim que o cronômetro parar, retire o saco e transfira o conteúdo para a panela e cozinhe por 2 minutos até que o líquido fique glaceado. Adicione a salsa e misture rapidamente. Participar.

Sanduíche De Queijo Creme De Tomate

Preparação + tempo de cozedura: 55 minutos | Porções: 8)

Ingredientes

½ xícara de cream cheese

2 libras de tomate cortado em fatias

Sal e pimenta preta a gosto

2 colheres de sopa de azeite

2 dentes de alho picados

½ colher de chá de sálvia fresca picada

⅛ colher de chá de pimenta vermelha em flocos

½ colher de chá de vinagre de vinho branco

2 colheres de manteiga

4 fatias de pão

2 fatias de queijo halloumi

Endereços

Prepare um banho-maria e coloque nele o Sous Vide. Coloque os tomates em uma peneira sobre uma tigela e tempere com sal. Mexa bem. Deixe esfriar por 30 minutos. Descarte os sucos. Combine azeite, alho, sálvia, pimenta preta, sal e pimenta em flocos.

Coloque em um saco selável a vácuo. Solte o ar pelo método de deslocamento de água, feche e mergulhe a bolsa no banho-maria. Cozinhe por 40 minutos.

Assim que o cronômetro parar, retire o saco e transfira para o liquidificador. Adicione o vinagre e o cream cheese. Misture até ficar homogêneo. Transfira para um prato e tempere com sal e pimenta se necessário.

Para fazer as barras de queijo: Aqueça uma frigideira em fogo médio. Unte as fatias de pão com manteiga e coloque-as na frigideira. Coloque as fatias de queijo sobre o pão e coloque-as sobre outro pão untado com manteiga. Torre por 1-2 minutos. Repita com o pão restante. Corte em cubos. Sirva com sopa quente.

Salada de Beterraba com Castanha de Caju e Queso Fresco

Preparação + tempo de cozimento: 1 hora e 35 minutos | Porções: 8)

Ingredientes

6 beterrabas grandes, descascadas e cortadas em pedaços

Sal e pimenta preta a gosto

3 colheres de sopa de xarope de bordo

2 colheres de manteiga

Raspas de 1 laranja grande

1 colher de sopa de azeite

½ colher de chá de pimenta caiena

1½ xícara de castanha de caju

6 xícaras de rúcula

3 tangerinas, descascadas e segmentadas

1 xícara de queijo fresco esfarelado

Endereços

Prepare um banho-maria e coloque nele o Sous Vide. Defina-o para 186F.

Coloque os pedaços de beterraba em um saco selável a vácuo. Tempere com sal e pimenta. Adicione 2 colheres de sopa de xarope de bordo, manteiga e raspas de laranja. Solte o ar pelo método de deslocamento de água, feche e mergulhe a bolsa no banho-maria. Cozinhe por 1 hora e 15 minutos.

Pré-aqueça o forno a 350F.

Misture o xarope de bordo restante, o azeite, o sal e a pimenta caiena. Adicione as castanhas de caju e mexa bem. Transfira a mistura de caju para uma assadeira previamente forrada com cera de pimenta e leve ao forno por 10 minutos. Reserve e deixe esfriar.

Assim que o cronômetro parar, retire as beterrabas e descarte o suco do cozimento. Coloque a rúcula em um prato de servir e as rodelas de beterraba e tangerina por cima. Polvilhe com queijo fresco e mistura de caju para servir.

Pimentão com Queijo e Couve-Flor

Preparação + tempo de cozedura: 52 minutos | Porções: 5

Ingredientes

½ xícara de queijo provolone ralado

1 cabeça de couve-flor, florzinhas cortadas

2 dentes de alho picados

Sal e pimenta preta a gosto

2 colheres de manteiga

1 colher de sopa de azeite

½ pimentão vermelho grande, cortado em tiras

½ pimentão amarelo grande, cortado em tiras

½ pimentão laranja grande, cortado em tiras

Endereços

Prepare um banho-maria e coloque nele o Sous Vide. Defina-o para 186F.

Combine bem os floretes de couve-flor, 1 dente de alho, sal, pimenta, metade da manteiga e metade do azeite.

Em outra tigela, misture o pimentão, o alho restante, o sal restante, a pimenta, a manteiga restante e o azeite restante.

Coloque a couve-flor em um saco selável a vácuo. Coloque os pimentões em outro saco selável a vácuo. Liberar o ar pelo método de deslocamento de água, selar e mergulhar os sacos no banho-maria. Cozinhe por 40 minutos.

Assim que o cronômetro parar, retire os sacos e transfira o conteúdo para uma tigela. Descarte os sucos do cozimento. Combine os vegetais e cubra com queijo provolone.

Sopa Creme De Abóbora De Outono

Preparação + tempo de cozimento: 2 horas e 20 minutos | Porções: 6

Ingredientes

¾ xícara de creme de leite

1 abóbora picada

1 pêra grande

½ cebola amarela cortada em cubos

3 raminhos de tomilho fresco

1 dente de alho picado

1 colher de chá de cominho em pó

Sal e pimenta preta a gosto

4 colheres de sopa de creme fresco

Endereços

Prepare um banho-maria e coloque nele o Sous Vide. Defina-o para 186F.

Combine a abóbora, a pêra, a cebola, o tomilho, o alho, o cominho e o sal. Coloque em um saco selável a vácuo. Liberar o ar pelo método de deslocamento de água, selar e mergulhar em banho-maria. Cozinhe por 2 horas.

Assim que o cronômetro parar, retire o saco e transfira todo o conteúdo para um liquidificador. Faça um purê até ficar homogêneo. Adicione o creme de leite e mexa bem. Tempere com sal e pimenta. Transfira a mistura para tigelas e cubra com um pouco de creme de leite fresco. Decore com pedaços de pêra.

Sopa de batata com aipo e alho-poró

Preparação + tempo de cozimento: 2 horas e 15 minutos | Porções: 8)

Ingredientes

8 colheres de sopa de manteiga

4 batatas vermelhas, fatiadas

1 cebola amarela cortada em pedaços de ¼ de polegada

1 talo de aipo, cortado em pedaços de ½ polegada

4 xícaras de alho-poró, cortado em cubos de ½ polegada, apenas as partes brancas

1 xícara de caldo de legumes

1 cenoura picada

4 dentes de alho picados

2 folhas de louro

Sal e pimenta preta a gosto

2 xícaras de creme de leite

¼ xícara de cebolinha fresca picada

Endereços

Prepare um banho-maria e coloque nele o Sous Vide. Defina-o para 186F.

Coloque as batatas, a cenoura, a cebola, o aipo, o alho-poró, o caldo de legumes, a manteiga, o alho e o louro num saco selado a vácuo. Solte o ar pelo método de deslocamento de água, feche e mergulhe a bolsa no banho-maria. Cozinhe por 2 horas.

Assim que o cronômetro parar, retire o saco e transfira para o liquidificador. Descarte as folhas de louro. Misture o conteúdo e tempere com sal e pimenta. Despeje o creme lentamente e misture por 2-3 minutos até ficar homogêneo. Escorra o conteúdo e decore com cebolinha para servir.

Salada de Couve com Limão e Mirtilos

Preparação + tempo de cozedura: 15 minutos | Porções: 6

Ingredientes

6 xícaras de couve fresca, com caule

6 colheres de sopa de azeite

2 dentes de alho esmagados

4 colheres de sopa de suco de limão

½ colher de chá de sal

¾ xícara de cranberries secas

Endereços

Prepare um banho-maria e coloque nele o Sous Vide. Defina para 196 F. Combine a couve com 2 colheres de sopa de azeite. Coloque em um saco selável a vácuo. Solte o ar pelo método de deslocamento de água, feche e mergulhe a bolsa no banho-maria. Cozinhe por 8 minutos.

Misture o azeite restante, o alho, o suco de limão e o sal. Assim que o cronômetro parar, retire as folhas de repolho e transfira-as para um prato de servir. Polvilhe com molho. Decore com cranberries.

Milho Cítrico com Molho de Tomate

Preparação + tempo de cozedura: 55 minutos | Porções: 8)

Ingredientes

⅓ xícara de azeite

4 espigas de milho amarelo, descascadas

Sal e pimenta preta a gosto

1 tomate grande picado

3 colheres de sopa de suco de limão

2 dentes de alho picados

1 pimenta serrano, sementes removidas

4 cebolinhas, apenas as partes verdes, picadas

½ cacho de folhas de coentro frescas, picadas

Endereços

Prepare um banho-maria e coloque nele o Sous Vide. Defina para 186 F. Bata os grãos com azeite e tempere com sal e pimenta. Coloque-os em um saco selado a vácuo. Solte o ar pelo método de deslocamento de água, feche e mergulhe a bolsa no banho-maria. Cozinhe por 45 minutos.

Enquanto isso, misture bem o tomate, o suco de limão, o alho, a pimenta serrano, a cebolinha, o coentro e o azeite restante em uma tigela. Pré-aqueça uma grelha em fogo alto.

Assim que o cronômetro parar, retire a tripa e transfira para a grelha e cozinhe por 2-3 minutos. Deixar esfriar. Corte os grãos da espiga e regue com o molho de tomate. Sirva com peixe, salada ou tortilla chips.

Gergelim Tamari Gengibre Couve de Bruxelas

Preparação + tempo de cozedura: 43 minutos | Porções: 6

Ingredientes

1½ libra de couve de Bruxelas, cortada ao meio

2 dentes de alho picados

2 colheres de sopa de óleo vegetal

1 colher de sopa de molho de tamari

1 colher de chá de gengibre ralado

¼ colher de chá de pimenta vermelha em flocos

¼ colher de chá de óleo de gergelim torrado

1 colher de sopa de sementes de gergelim

Endereços

Prepare um banho-maria e coloque nele o Sous Vide. Defina para 186 F. Aqueça uma panela em fogo médio e misture o alho, o óleo vegetal, o molho de tamari, o gengibre e os flocos de pimenta vermelha. Cozinhe por 4-5 minutos. Deixou de lado.

Coloque as couves de Bruxelas em um saco selado a vácuo e despeje a mistura de tamari. Solte o ar pelo método de deslocamento de água, feche e mergulhe a bolsa no banho-maria. Cozinhe por 30 minutos.

Assim que o cronômetro parar, retire o saco e seque com um pano de prato. Reserve os sucos do cozimento. Transfira os brotos para uma tigela e misture com o óleo de gergelim. Coloque os rebentos num prato e regue com o suco da cozedura. Decore com sementes de gergelim.

Salada de beterraba e espinafre

Preparação + tempo de cozimento: 2 horas e 25 minutos | Porções: 3

Ingredientes:

1 ¼ xícara de beterraba, aparada e cortada em pedaços pequenos

1 xícara de espinafre fresco picado

2 colheres de sopa de azeite

1 colher de sopa de suco de limão espremido na hora

1 colher de chá de vinagre balsâmico

2 dentes de alho esmagados

1 colher de sopa de manteiga

Sal e pimenta preta a gosto

Endereços:

Enxágue bem e limpe as beterrabas. Pique em pedaços pequenos e coloque em um saco selado a vácuo junto com a manteiga e o alho amassado. Cozinhe em Sous Vide por 2 horas a 185 F. Deixe esfriar.

Ferva uma panela grande com água e coloque o espinafre nela. Cozinhe por um minuto e retire do fogo. Seque bem. Transfira para um saco selável a vácuo e cozinhe em Sous Vide por 10 minutos a 180 F. Retire do banho-maria e deixe esfriar completamente. Coloque em uma tigela grande e adicione a beterraba cozida. Tempere com sal, pimenta, vinagre, azeite e sumo de limão. Sirva imediatamente.

Alho Verde com Hortelã

Preparação + tempo de cozedura: 30 minutos | Porções: 2

Ingredientes:

½ xícara de radicchio fresco picado

½ xícara de aspargos selvagens, finamente picados

½ xícara de acelga picada

¼ xícara de hortelã fresca picada

¼ xícara de rúcula picada

2 dentes de alho picados

½ colher de chá de sal

4 colheres de sopa de suco de limão espremido na hora

2 colheres de sopa de azeite

Endereços:

Encha uma panela grande com água e sal e adicione os vegetais. Cozinhe por 3 minutos. Retire e escorra. Aperte delicadamente com as mãos e com uma faca afiada pique os legumes. Transfira para um saco grande selável a vácuo e cozinhe em Sous Vide por 10 minutos a 162 F. Retire do banho-maria e reserve.

Aqueça o azeite em fogo médio em uma frigideira grande. Adicione o alho e refogue por 1 minuto. Adicione os legumes e tempere com sal. Polvilhe com suco de limão fresco e sirva.

Couve de Bruxelas em vinho branco

Preparação + tempo de cozedura: 35 minutos | Porções: 4

Ingredientes:

1 libra de couve de Bruxelas picada

½ xícara de azeite extra virgem

½ xícara de vinho branco

Sal e pimenta preta a gosto

2 colheres de sopa de salsa fresca, picada finamente

2 dentes de alho esmagados

Endereços:

Coloque as couves de Bruxelas em um saco grande selado a vácuo com três colheres de sopa de azeite. Cozinhe em Sous Vide por 15 minutos a 180 F. Retire do saco.

Em uma frigideira grande antiaderente, aqueça o restante do azeite. Adicione as couves de Bruxelas, o alho amassado, o sal e a pimenta. Grelhe brevemente, sacudindo a frigideira algumas vezes até ficar levemente carbonizado por todos os lados. Adicione o vinho e deixe ferver. Mexa bem e retire do fogo. Cubra com salsa picada e sirva.

Salada de beterraba e queijo de cabra

Preparação + tempo de cozimento: 2 horas e 20 minutos | Porções: 3

Ingredientes:

1 libra de beterraba cortada em fatias

½ xícara de amêndoas escaldadas

2 colheres de sopa de avelãs sem pele

2 colheres de chá de azeite

1 dente de alho picado finamente

1 colher de chá de cominho em pó

1 colher de chá de raspas de limão

Sal a gosto

½ xícara de queijo de cabra esfarelado

Folhas de hortelã fresca para decorar

<u>Curativo:</u>

2 colheres de sopa de azeite

1 colher de sopa de vinagre de maçã

Endereços:

Faça um banho-maria, coloque o Sous Vide nele e ajuste para 183 F.

Coloque as beterrabas em um saco selável a vácuo. Solte o ar pelo método de deslocamento de água, feche e mergulhe a bolsa no banho-maria e ajuste o cronômetro para 2 horas. Assim que o cronômetro parar, remova e abra o saco. Reserve a beterraba.

Coloque uma frigideira em fogo médio, acrescente as amêndoas e as avelãs e toste por 3 minutos. Transfira para uma tábua e pique. Adicione o óleo na mesma panela, acrescente o alho e o cominho. Cozinhe por 30 segundos. Apaga o fogo. Em uma tigela, adicione o queijo de cabra, a mistura de amêndoas, as raspas de limão e a mistura de alho. Misturar. Misture o azeite e o vinagre e reserve. Sirva como guarnição.

Sopa de couve-flor e brócolis

Preparação + tempo de cozimento: 70 minutos | Porções: 2

Ingredientes:

1 couve-flor média, cortada em florzinhas pequenas

½ libra de brócolis, cortado em pequenas florzinhas

1 pimentão verde picado

1 cebola cortada em cubos

1 colher de chá de azeite

1 dente de alho esmagado

½ xícara de caldo de legumes

½ xícara de leite desnatado

Endereços:

Faça um banho-maria, coloque o Sous Vide nele e ajuste para 185 F.

Coloque a couve-flor, o brócolis, o pimentão e a cebola branca em um saco selado a vácuo e despeje o azeite nele. Libere o ar usando o método de deslocamento de água e feche o saco. Mergulhe o saco em banho-maria. Ajuste o cronômetro para 50 minutos e cozinhe.

Assim que o cronômetro parar, remova o saco e abra. Transfira os legumes para o liquidificador, acrescente o alho e o leite e bata até ficar homogêneo.

Coloque uma frigideira em fogo médio, acrescente o purê de legumes e o caldo de legumes e cozinhe por 3 minutos. Tempere com sal e pimenta. Sirva quente como guarnição.

Ervilhas com manteiga e hortelã

Preparação + tempo de cozedura: 25 minutos | Porções: 2

Ingredientes:

1 colher de sopa de manteiga

½ xícara de ervilhas

1 colher de sopa de folhas de hortelã picadas

Uma pitada de sal

Açúcar a gosto

Endereços:

Faça um banho-maria, coloque Sous Vide nele e ajuste para 183 F. Coloque todos os ingredientes em um saco selável a vácuo. Libere o ar pelo método de deslocamento de água, sele e mergulhe no banho. Cozinhe por 15 minutos.

Assim que o cronômetro parar, remova e abra o saco. Transfira os ingredientes para um prato de servir. Serve como condimento.

Couve de Bruxelas em calda doce

Preparação + tempo de cozimento: 75 minutos | Porções: 3

Ingredientes:

4 libras de couve de Bruxelas, cortadas ao meio

3 colheres de sopa de azeite

¾ xícara de molho de peixe

3 colheres de sopa de água

2 colheres de sopa de açúcar

1 ½ colher de sopa de vinagre de arroz

2 colheres de chá de suco de limão

3 pimentões vermelhos, cortados em fatias finas

2 dentes de alho picados

Endereços:

Faça um banho-maria, coloque Sous Vide nele e ajuste para 183 F. Despeje as couves de Bruxelas, o sal e o óleo em um saco selável a vácuo, libere o ar pelo método de deslocamento de água, feche e mergulhe o saco no banho-maria. Defina o cronômetro para 50 minutos.

Assim que o cronômetro parar, retire o saco, abra o lacre e transfira as couves de Bruxelas para uma assadeira forrada com papel alumínio. Pré-aqueça uma grelha em fogo alto, coloque a assadeira sobre ela e grelhe por 6 minutos. Despeje as couves de Bruxelas em uma tigela.

Faça o molho: Em uma tigela, adicione o restante dos ingredientes listados e mexa. Adicione o molho às couves de Bruxelas e misture uniformemente. Sirva como guarnição.

Rabanete com Queijo de Ervas

Preparação + tempo de cozimento: 1 hora e 15 minutos | Porções: 3

Ingredientes:

250g de queijo de cabra

4 onças de cream cheese

¼ xícara de pimentão vermelho picado

3 colheres de sopa de pesto

3 colheres de chá de suco de limão

2 colheres de sopa de salsa

2 dentes de alho

9 rabanetes grandes, fatiados.

Endereços:

Faça um banho-maria, coloque Sous Vide nele e ajuste para 181 F. Coloque as rodelas de rabanete em um saco selável a vácuo, solte o ar e feche. Mergulhe a bolsa em banho-maria e ajuste o cronômetro para 1 hora.

Em uma tigela, misture os demais ingredientes da lista e despeje a mistura em um saco de confeitar. Deixou de lado. Assim que o cronômetro parar, remova o saco e abra. Coloque as fatias de rabanete em uma travessa e coloque a mistura de queijo em cada fatia. Sirva como lanche.

Repolho refogado balsâmico

Preparação + tempo de cozimento: 1 hora e 45 minutos | Porções: 3

Ingredientes:

1 libra de repolho roxo, esquartejado e sem caroço

1 chalota em fatias finas

2 dentes de alho em fatias finas

½ colher de sopa de vinagre balsâmico

½ colher de sopa de manteiga sem sal

Sal a gosto

Endereços:

Faça um banho-maria, coloque Sous Vide nele e ajuste para 185 F. Divida o repolho e os ingredientes restantes em 2 sacos seláveis a vácuo. Libere o ar usando o método de deslocamento de água e feche os sacos. Mergulhe-os em banho-maria e ajuste o cronômetro para cozinhar por 1 hora e 30 minutos.

Assim que o cronômetro parar, remova e abra os sacos. Transfira o repolho com o suco para pratos de servir. Tempere com sal e vinagre a gosto. Sirva como guarnição.

tomate escalfado

Preparação + tempo de cozedura: 45 minutos | Porções: 3

Ingredientes:

4 xícaras de tomate cereja

5 colheres de sopa de azeite

½ colher de sopa de folhas frescas de alecrim picadas

½ colher de sopa de folhas frescas de tomilho picadas

Sal e pimenta preta a gosto

Endereços:

Faça um banho-maria, coloque Sous Vide nele e ajuste para 131 F. Divida os ingredientes listados em 2 sacos seláveis a vácuo, tempere com sal e pimenta. Libere o ar usando o método de deslocamento de água e feche os sacos. Mergulhe-os em banho-maria e ajuste o cronômetro para cozinhar por 30 minutos.

Assim que o cronômetro parar, remova os sacos e abra. Transfira os tomates com o suco para uma tigela. Sirva como guarnição.

Ratatouille

Preparação + tempo de cozimento: 2 horas e 10 minutos | Porções: 3

Ingredientes:

2 abobrinhas fatiadas

2 tomates picados

2 pimentões vermelhos, sem sementes e cortados em cubos de 5 cm

1 berinjela pequena, fatiada

1 cebola cortada em cubos de 1 polegada

Sal a gosto

½ flocos de pimenta vermelha

8 dentes de alho esmagados

2 ½ colheres de sopa de azeite

5 raminhos + 2 raminhos de folhas de manjericão

Endereços:

Faça um banho-maria, coloque o Sous Vide nele e ajuste para 185 F. Coloque os tomates, a abobrinha, a cebola, o pimentão e a berinjela, cada um em 5 sacos separados seláveis a vácuo. Coloque o alho, as folhas de manjericão e 1 colher de sopa de azeite em cada saquinho. Solte o ar pelo método de deslocamento de água, feche e mergulhe os sacos no banho-maria e ajuste o cronômetro para 20 minutos.

Assim que o cronômetro parar, retire o saco com os tomates. Deixou de lado. Redefina o cronômetro para 30 minutos. Assim que o cronômetro parar, retire os saquinhos com as abobrinhas e os pimentões vermelhos. Deixou de lado. Redefina o cronômetro para 1 hora.

Assim que o cronômetro parar, retire os sacos restantes e descarte o alho e as folhas de manjericão. Em uma tigela, adicione os tomates e use uma colher para amassá-los levemente. Pique os legumes restantes e junte-os aos tomates. Tempere com sal, pimenta vermelha em flocos, restante azeite e manjericão. Sirva como guarnição.

Sopa de tomate

Preparação + tempo de cozimento: 60 minutos | Porções: 3

Ingredientes:

2 libras de tomate cortado ao meio

1 cebola cortada em cubos

1 ramo de aipo picado

3 colheres de sopa de azeite

1 colher de sopa de purê de tomate

uma pitada de açúcar

1 folha de louro

Endereços:

Faça um banho-maria, coloque Sous Vide nele e ajuste para 185 F. Coloque todos os ingredientes listados, exceto o sal, em uma tigela e misture. Coloque-os em um saco selável a vácuo. Solte o ar pelo método de deslocamento de água, feche e mergulhe a bolsa no banho-maria. Defina o cronômetro para 40 minutos.

Assim que o cronômetro parar, remova o saco e abra. Misture os ingredientes com um liquidificador. Despeje o tomate misturado em uma panela e deixe em fogo médio. Tempere com sal e cozinhe por 10 minutos. Coloque a sopa em tigelas e deixe esfriar. Sirva quente com acompanhamento de pão low carb.

Beterraba Estufada

Preparação + tempo de cozimento: 1 hora e 15 minutos | Porções: 3

Ingredientes:

2 beterrabas, descascadas e cortadas em centímetros de 1 cm

⅓ xícara de vinagre balsâmico

½ colher de chá de azeite

⅓ xícara de nozes torradas

⅓ xícara de queijo Grana Padano ralado

Sal e pimenta preta a gosto

Endereços:

Faça um banho-maria, coloque Sous Vide nele e ajuste para 183 F. Coloque a beterraba, o vinagre e o sal em um saco selável a vácuo. Solte o ar pelo método de deslocamento de água, feche e mergulhe a bolsa no banho-maria. Defina o cronômetro para 1 hora.

Assim que o cronômetro parar, remova e abra o saco. Transfira a beterraba para uma tigela, adicione o azeite e misture. Polvilhe nozes e queijo por cima. Sirva como guarnição.

Lasanha de berinjela

Preparação + tempo de cozedura: 3 horas | Porções: 3

Ingredientes:

1 quilo de berinjela, descascada e cortada em fatias finas

1 colher de chá de sal

1 xícara de molho de tomate, dividido em 3

2 onças de mussarela fresca, em fatias finas

1 onça de queijo parmesão ralado

2 onças de queijo italiano, ralado

3 colheres de sopa de manjericão fresco picado

<u>Adição:</u>

½ colher de sopa de nozes de macadâmia, torradas e picadas

1 onça de queijo parmesão ralado

1 onça de queijo italiano, ralado

Endereços:

Faça um banho-maria, coloque o Sous Vide e ajuste para 183 F. Tempere as berinjelas com sal. Coloque um saco selável a vácuo de lado, coloque metade da berinjela em camadas, espalhe um pouco de molho de tomate, cubra com mussarela, depois parmesão, depois mistura de queijo e depois manjericão. Cubra com a segunda porção de molho de tomate.

Sele o saco cuidadosamente usando o método de deslocamento de água, mantendo-o o mais plano possível. Mergulhe a bolsa em banho-maria. Ajuste o cronômetro para 2 horas e cozinhe. Solte o ar 2 a 3 vezes durante os primeiros 30 minutos, pois a berinjela libera gases enquanto cozinha.

Assim que o cronômetro parar, remova cuidadosamente o saco e pique um canto do saco com um alfinete para liberar o líquido do saco. Coloque o saquinho em um prato de servir, corte a parte superior e deslize delicadamente a lasanha no prato. Cubra com o restante do molho de tomate, nozes de macadâmia, mistura de queijo e queijo parmesão. Derreta e doure o queijo com a ajuda de um maçarico.

Sopa de champignon

Preparação + tempo de cozimento: 50 minutos | Porções: 3

Ingredientes:

1 libra de cogumelos mistos

2 cebolas em cubos

3 dentes de alho

2 raminhos de folhas de salsa picadas

2 colheres de sopa de tomilho em pó

2 colheres de sopa de azeite

2 xícaras de creme

2 xícaras de caldo de legumes

Endereços:

Faça um banho-maria, coloque Sous Vide nele e ajuste para 185 F. Coloque os cogumelos, a cebola e o aipo em um saco selável a vácuo. Solte o ar pelo método de deslocamento de água, feche e mergulhe a bolsa no banho-maria. Defina o cronômetro para 30 minutos. Assim que o cronômetro parar, remova e abra o saco.

Bata os ingredientes do saquinho no liquidificador. Coloque uma frigideira em fogo médio, acrescente o azeite. Assim que começar a aquecer junte o puré de cogumelos e o resto dos ingredientes exceto as natas. Cozinhe por 10 minutos. Desligue o fogo e acrescente o creme de leite. Mexa bem e sirva.

Risoto vegetariano com parmesão

Preparação + tempo de cozedura: 65 minutos | Porções: 5

Ingredientes:

2 xícaras de arroz arbóreo

½ xícara de arroz branco puro

1 xícara de caldo de legumes

1 xícara de água

6-8 onças de queijo parmesão ralado

1 cebola picada

1 colher de sopa de manteiga

Sal e pimenta preta a gosto

Endereços:

Prepare um banho-maria e coloque nele o Sous Vide. Defina para 185 F. Derreta a manteiga em uma panela em fogo médio. Adicione a cebola, o arroz e os temperos e cozinhe por alguns minutos. Transfira para um saco selável a vácuo. Solte o ar pelo método de deslocamento de água, feche e mergulhe a bolsa em banho-maria. Defina o cronômetro para 50 minutos. Assim que o cronômetro parar, retire o saquinho e acrescente o queijo parmesão.

Sopa verde

Preparação + tempo de cozedura: 55 minutos | Porções: 3

Ingredientes:

4 xícaras de caldo de legumes

1 colher de sopa de azeite

1 dente de alho esmagado

Gengibre de 1 polegada, fatiado

1 colher de chá de coentro em pó

1 abobrinha grande em cubos

3 xícaras de couve

2 xícaras de brócolis cortados em floretes

1 limão espremido e ralado

Endereços:

Faça um banho-maria, coloque o Sous Vide nele e ajuste para 185 F. Coloque os brócolis, a abobrinha, a couve e a salsa em um saco selável a vácuo. Solte o ar pelo método de deslocamento de água, feche e mergulhe a bolsa no banho-maria. Defina o cronômetro para 30 minutos.

Assim que o cronômetro parar, remova e abra o saco. Adicione os ingredientes cozidos no vapor ao liquidificador com alho e gengibre. Faça um purê para amolecer. Despeje o purê verde em uma panela e adicione os demais ingredientes da lista. Coloque a panela em fogo médio e cozinhe por 10 minutos. Serve como prato leve.

Sopa Mista de Legumes

Preparação + tempo de cozedura: 55 minutos | Porções: 3

Ingredientes:

1 cebola doce fatiada

1 colher de chá de alho em pó

2 xícaras de abobrinha cortada em cubos pequenos

3 onças de raspas de parmesão

2 xícaras de espinafre bebê

2 colheres de sopa de azeite

1 colher de chá de pimenta vermelha em flocos

2 xícaras de caldo de legumes

1 raminho de alecrim

Sal a gosto

Endereços:

Faça um banho-maria, coloque Sous Vide nele e ajuste para 185 F. Misture todos os ingredientes com azeite, exceto alho e sal, e coloque em um saco selável a vácuo. Solte o ar pelo método de deslocamento de água, feche e mergulhe a bolsa no banho-maria. Defina o cronômetro para 30 minutos.

Assim que o cronômetro parar, remova e abra o saco. Descarte o alecrim. Despeje os ingredientes restantes em uma panela e adicione sal e alho em pó. Coloque a panela em fogo médio e cozinhe por 10 minutos. Serve como prato leve.

Wonton vegetal com páprica defumada

Preparação + tempo de cozimento: 5 horas e 15 minutos | Porções:
9)

Ingredientes:

10 onças de wraps wonton

10 onças de vegetais de sua escolha, ralados

2 ovos

1 colher de chá de azeite

½ colher de chá de pimenta em pó

½ colher de chá de páprica defumada

½ colher de chá de alho em pó

Sal e pimenta preta a gosto

Endereços:

Prepare um banho-maria e coloque nele o Sous Vide. Defina-o para
165F.

Bata os ovos juntamente com os temperos. Adicione vegetais e óleo.
Despeje a mistura em um saco selável a vácuo, libere o ar usando o
método de deslocamento de água, feche e mergulhe o saco em
banho-maria. Defina o cronômetro para 5 horas.

Assim que o cronômetro parar, retire o saco e transfira-o para uma tigela. Divida a mistura entre os raviólis, embrulhe e aperte as bordas para selar. Cozinhe em água fervente por 4 minutos em fogo médio.

Prato Miso de Quinoa e Aipo

Preparação + tempo de cozimento: 2 horas e 25 minutos | Porções:
6

Ingredientes

1 aipo picado

1 colher de sopa de pasta de missô

6 dentes de alho

5 raminhos de tomilho

1 colher de chá de cebola em pó

3 colheres de sopa de ricota

1 colher de sopa de sementes de mostarda

Suco de ¼ de limão grande

5 tomates cereja, picados grosseiramente

Salsa picada

8 onças de manteiga vegana

8 onças de quinoa cozida

Endereços

Prepare um banho-maria e coloque nele o Sous Vide. Defina-o para
186F.

Enquanto isso, aqueça uma frigideira em fogo médio e acrescente o alho, o tomilho e as sementes de mostarda. Cozinhe por cerca de 2 minutos. Adicione a manteiga e mexa até dourar. Combine com cebola em pó e reserve. Deixe esfriar até a temperatura ambiente. Coloque o aipo-rábano em um saco selado a vácuo. Solte o ar pelo método de deslocamento de água, feche e mergulhe a bolsa no banho-maria. Cozinhe por 2 horas.

Assim que o cronômetro parar, retire o saquinho e transfira para uma frigideira e mexa até dourar. Tempere com missô. Deixou de lado. Aqueça uma frigideira em fogo médio, acrescente os tomates, a mostarda e a quinoa. Combine com suco de limão e salsa. Sirva misturando a mistura de aipo e tomate.

Salada de rabanete e manjericão

Preparação + tempo de cozimento: 50 minutos | Porções: 2

Ingredientes:

20 rabanetes pequenos, aparados

1 colher de sopa de vinagre de vinho branco

¼ xícara de manjericão picado

½ xícara de queijo feta

1 colher de chá de açúcar

1 colher de sopa de água

¼ colher de chá de sal

Endereços:

Prepare um banho-maria e coloque nele o Sous Vide. Defina para 200 F. Coloque os rabanetes em um saco grande selável a vácuo e adicione vinagre, açúcar, sal e água. Agite para combinar. Liberar o ar pelo método de deslocamento de água, selar e mergulhar em banho-maria. Cozinhe por 30 minutos. Assim que o cronômetro parar, retire o saco e deixe esfriar em banho de gelo. Servir quente. Sirva misturado com manjericão e queijo feta.

Mistura de pimentão

Preparação + tempo de cozedura: 35 minutos | Porções: 2

Ingredientes:

1 pimentão vermelho picado

1 pimentão amarelo picado

1 pimentão verde picado

1 pimentão laranja grande, picado

Sal a gosto

Endereços:

Faça um banho-maria, coloque Sous Vide nele e ajuste para 183 F. Coloque todos os pimentões com sal em um saco selável a vácuo. Libere o ar pelo método de deslocamento de água, sele e mergulhe em banho-maria. Defina o cronômetro para 15 minutos. Assim que o cronômetro parar, remova e abra o saco. Sirva os pimentões com seus sucos como guarnição.

Coentro Cúrcuma Quinoa

Preparação + tempo de cozimento: 105 minutos | Porções: 6

Ingredientes:

3 xícaras de quinoa

2 xícaras de creme de leite

½ xícara de água

3 colheres de sopa de folhas de coentro

2 colheres de chá de açafrão em pó

1 colher de sopa de manteiga

½ colher de sopa de sal

Endereços:

Prepare um banho-maria e coloque nele o Sous Vide. Defina-o para 180F.

Coloque todos os ingredientes em um saco selado a vácuo. Mexa para combinar bem. Solte o ar pelo método de deslocamento de água, feche e mergulhe a bolsa em banho-maria. Defina o cronômetro para 90 minutos. Assim que o cronômetro parar, remova o saco. Servir quente.

Feijão branco com orégano

Preparação + tempo de cozimento: 5 horas e 15 minutos | Porções: 8

Ingredientes:

12 onças de feijão branco

1 xícara de pasta de tomate

8 onças de caldo de legumes

1 colher de açúcar

3 colheres de sopa de manteiga

1 xícara de cebola picada

1 pimentão picado

1 colher de sopa de orégano

2 colheres de chá de páprica

Endereços:

Prepare um banho-maria e coloque nele o Sous Vide. Defina-o para 185F.

Combine todos os ingredientes em um saco selado a vácuo. Mexa para combinar. Libere o ar pelo método de deslocamento de água, feche e mergulhe a bolsa em banho-maria. Defina o cronômetro para 5 horas. Assim que o cronômetro parar, remova o saco. Servir quente.

Salada de Batata e Tâmaras

Preparação + tempo de cozimento: 3 horas e 15 minutos | Porções: 6

Ingredientes:

2 libras de batatas em cubos

5 onças de tâmaras picadas

½ xícara de queijo de cabra esfarelado

1 colher de chá de orégano

1 colher de sopa de azeite

1 colher de sopa de suco de limão

3 colheres de sopa de manteiga

1 colher de chá de coentro

1 colher de chá de sal

1 colher de sopa de salsa picada

¼ colher de chá de alho em pó

Endereços:

Prepare um banho-maria e coloque nele o Sous Vide. Defina-o para 190F.

Coloque as batatas, a manteiga, as tâmaras, o orégano, o coentro e o sal em um saco plástico a vácuo. Solte o ar pelo método de deslocamento de água, feche e mergulhe a bolsa em banho-maria. Defina o cronômetro para 3 horas.

Assim que o cronômetro parar, retire o saco e transfira-o para uma tigela. Misture o azeite, o sumo de limão, a salsa e o alho em pó e regue a salada. Se usar queijo, polvilhe.

semolina de páprica

Preparação + tempo de cozimento: 3 horas e 10 minutos | Porções: 4

Ingredientes:

10 onças de semolina

4 colheres de sopa de manteiga

1 ½ colher de chá de páprica

10 onças de água

½ colher de chá de sal de alho

Endereços:

Prepare um banho-maria e coloque nele o Sous Vide. Defina-o para 180F.

Coloque todos os ingredientes em um saco selado a vácuo. Mexa com uma colher para combinar bem. Libere o ar pelo método de deslocamento de água, feche e mergulhe a bolsa em banho-maria. Defina o cronômetro para 3 horas. Assim que o cronômetro parar, remova o saco. Divida entre 4 tigelas.

Mistura de Uva Vegetal

Preparação + tempo de cozedura 105 minutos | Porções: 9)

Ingredientes:

8 batatas doces fatiadas

2 cebolas roxas fatiadas

4 onças de tomate em purê

1 colher de chá de alho picado

Sal e pimenta preta a gosto

1 colher de chá de suco de uva

Endereços:

Prepare um banho-maria e coloque nele o Sous Vide. Defina para 183 F. Coloque todos os ingredientes com ¼ xícara de água em um saco selável a vácuo. Solte o ar pelo método de deslocamento de água, feche e mergulhe a bolsa em banho-maria. Defina o cronômetro para 90 minutos. Assim que o cronômetro parar, remova o saco. Servir quente.

Tigela de grão de bico e cogumelos mentolado

Preparação + tempo de cozimento: 4 horas e 15 minutos | Porções: 8

Ingredientes:

9 onças de cogumelos

3 xícaras de caldo de legumes

1 libra de grão de bico, embebido durante a noite e escorrido

1 colher de chá de manteiga

1 colher de chá de páprica

1 colher de sopa de mostarda

2 colheres de sopa de suco de tomate

1 colher de chá de sal

¼ xícara de hortelã picada

1 colher de sopa de azeite

Endereços:

Prepare um banho-maria e coloque nele o Sous Vide. Defina para 195 F. Coloque o caldo e o grão de bico em um saco selado a vácuo. Solte o ar pelo método de deslocamento de água, feche e mergulhe a bolsa em banho-maria. Defina o cronômetro para 4 horas.

Assim que o cronômetro parar, remova o saco. Aqueça o azeite em uma frigideira em fogo médio. Adicione os cogumelos, o suco de tomate, a páprica, o sal e a mostarda. Cozinhe por 4 minutos. Escorra o grão de bico e coloque-o na panela. Cozinhe por mais 4 minutos. Adicione manteiga e hortelã.

Caponata vegetal

Preparação + tempo de cozimento: 2 horas e 15 minutos | Porções: 4

Ingredientes:

4 tomates ameixa em lata, esmagados

2 pimentões fatiados

2 abobrinhas fatiadas

½ cebola fatiada

2 berinjelas fatiadas

6 dentes de alho picados

2 colheres de sopa de azeite

6 folhas de manjericão

Sal e pimenta preta a gosto

Endereços:

Prepare um banho-maria e coloque nele o Sous Vide. Defina para 185 F. Combine todos os ingredientes em um saco selável a vácuo. Libere o ar pelo método de deslocamento de água, feche e mergulhe a bolsa em banho-maria. Defina o cronômetro para 2 horas. Assim que o cronômetro parar, transfira para uma travessa.

Acelga refogada com limão

Preparação + tempo de cozedura: 25 minutos | Porções: 2

2 libras de acelga

4 colheres de sopa de azeite extra virgem

2 dentes de alho esmagados

1 limão inteiro, espremido

2 colheres de chá de sal marinho

Endereços:

Lave bem a acelga e escorra em uma peneira. Usando uma faca afiada, pique e transfira para uma tigela grande. Adicione 4 colheres de sopa de azeite, alho amassado, suco de limão e sal marinho. Transfira para um saco grande selável a vácuo e feche. Cozinhe em sous vide por 10 minutos a 180 F.

Purê de raiz vegetal

Preparação + tempo de cozimento: 3 horas e 15 minutos | Porções: 4

Ingredientes:

2 pastinacas descascadas e picadas

1 nabo descascado e picado

1 batata doce grande, descascada e picada

1 colher de sopa de manteiga

Sal e pimenta preta a gosto

Pitada de noz-moscada

¼ colher de chá de tomilho

Endereços:

Prepare um banho-maria e coloque nele o Sous Vide. Defina para 185 F. Coloque os vegetais em um saco selável a vácuo. Libere o ar usando o método de deslocamento de água, sele e mergulhe em banho-maria. Cozinhe por 3 horas. Feito isso, retire o saco e amasse os legumes com um espremedor de batatas. Mexa com os ingredientes restantes.

Repolho e Pimenta em Molho de Tomate

Preparação + tempo de cozimento: 4 horas e 45 minutos | Porções: 6

Ingredientes:

2 libras de repolho fatiado

1 xícara de pimentão fatiado

1 xícara de pasta de tomate

2 cebolas fatiadas

1 colher de açúcar

Sal e pimenta preta a gosto

1 colher de sopa de coentro

1 colher de sopa de azeite

Endereços:

Prepare um banho-maria e coloque nele o Sous Vide. Defina para 184 F.

Coloque o repolho e a cebola em um saco selado a vácuo e tempere com os temperos. Adicione a pasta de tomate e misture bem. Libere o ar pelo método de deslocamento de água, feche e mergulhe a bolsa em banho-maria. Defina o cronômetro para 4 horas e 30 minutos. Assim que o cronômetro parar, remova o saco.

Prato de Lentilha e Tomate com Mostarda

Preparação + tempo de cozimento: 105 minutos | Porções: 8

Ingredientes:

2 xícaras de lentilhas

1 lata de tomate picado, não drenado

1 xícara de ervilhas verdes

3 xícaras de caldo de legumes

3 xícaras de água

1 cebola picada

1 cenoura fatiada

1 colher de sopa de manteiga

2 colheres de sopa de mostarda

1 colher de chá de pimenta vermelha em flocos

2 colheres de sopa de suco de limão

Sal e pimenta preta a gosto

Endereços:

Prepare um banho-maria e coloque nele o Sous Vide. Defina para 192 F. Coloque todos os ingredientes em um saco grande selável a vácuo. Libere o ar pelo método de deslocamento de água, sele e mergulhe no banho. Cozinhe por 90 minutos. Assim que o cronômetro parar, retire o saco e transfira para uma tigela grande e mexa antes de servir.

Pilaf de arroz com pimentão e passas

Preparação + tempo de cozimento: 3 horas e 10 minutos | Porções: 6

Ingredientes:

2 xícaras de arroz branco

2 xícaras de caldo de legumes

⅔ xícara de água

3 colheres de sopa de passas picadas

2 colheres de sopa de creme de leite

½ xícara de cebola roxa picada

1 pimentão picado

Sal e pimenta preta a gosto

1 colher de chá de tomilho

Endereços:

Prepare um banho-maria e coloque nele o Sous Vide. Defina-o para 180F.

Coloque todos os ingredientes em um saco selado a vácuo. Mexa para combinar bem. Libere o ar pelo método de deslocamento de água, feche e mergulhe a bolsa em banho-maria. Defina o cronômetro para 3 horas. Assim que o cronômetro parar, remova o saco. Servir quente.

Sopa de iogurte com cominho

Preparação + tempo de cozimento: 2 horas e 20 minutos | Porções: 4

Ingredientes

1 colher de sopa de azeite

1½ colher de chá de sementes de cominho

1 cebola média cortada em cubos

1 alho-poró cortado ao meio e em fatias finas

Sal a gosto

2 libras de cenoura picada

1 folha de louro

3 xícaras de caldo de legumes

½ xícara de iogurte de leite integral

Vinagre de maçã

folhas frescas de endro

Endereços

Prepare um banho-maria e coloque nele o Sous Vide. Defina para 186 F. Aqueça o azeite em uma frigideira grande em fogo médio e adicione as sementes de cominho. Teste-os por 1 minuto. Adicione a cebola, o sal e o alho-poró e refogue por 5-7 minutos ou até ficar macio. Combine a cebola, o louro, a cenoura e 1/2 colher de sopa de sal em uma tigela grande.

Espalhe a mistura em um saco selado a vácuo. Solte o ar pelo método de deslocamento de água, feche e mergulhe a bolsa no banho-maria. Cozinhe por 2 horas.

Assim que o cronômetro parar, retire o saco e despeje em uma tigela. Adicione o caldo de legumes e misture. Adicione o iogurte. Tempere a sopa com um pouco de sal e vinagre e sirva decorada com folhas de endro.

Abóbora amanteigada

Preparação + tempo de cozimento: 1 hora e 35 minutos | Porções: 4

Ingredientes

2 colheres de manteiga

¾ xícara de cebola picada

1½ libra de abóbora, fatiada

Sal e pimenta preta a gosto

½ xícara de leite integral

2 ovos inteiros grandes

½ xícara de batata frita esfarelada

Endereços

Prepare um banho-maria e coloque nele o Sous Vide. Definido em 175 F

Enquanto isso, unte alguns potes. Aqueça uma frigideira grande em fogo médio e derreta a manteiga. Adicione a cebola e refogue por 7 minutos. Adicione a abóbora, tempere com sal e pimenta e refogue por 10 minutos. Divida a mistura entre os potes. Deixe esfriar e reserve.

Bata o leite, o sal e os ovos em uma tigela. Tempere com pimenta. Despeje a mistura sobre os potes, feche e mergulhe-os em banho-maria. Cozinhe por 60 minutos. Assim que o cronômetro parar, retire os potes e deixe esfriar por 5 minutos. Sirva com batatas fritas.

Chutney de curry, gengibre e nectarina

Preparação + tempo de cozimento: 60 minutos | Porções: 3

Ingredientes

½ xícara de açúcar granulado

½ xícara de água

¼ xícara de vinagre de vinho branco

1 dente de alho picado

¼ xícara de cebola branca picada

Suco de 1 limão

2 colheres de chá de gengibre fresco ralado

2 colheres de chá de curry em pó

Uma pitada de flocos de pimenta vermelha

Sal e pimenta preta a gosto

Pimenta em flocos a gosto

4 pedaços grandes de nectarina, cortados em fatias

¼ xícara de manjericão fresco picado

Endereços

Prepare um banho-maria e coloque nele o Sous Vide. Defina para 168 F.

Aqueça uma panela em fogo médio e misture a água, o açúcar, o vinagre de vinho branco e o alho. Mexa até o açúcar amolecer. Adicione suco de limão, cebola, curry em pó, gengibre e flocos de pimenta vermelha. Tempere com sal e pimenta preta. Mexa bem. Coloque a mistura em um saco selável a vácuo. Solte o ar pelo método de deslocamento de água, feche e mergulhe a bolsa no banho-maria. Cozinhe por 40 minutos.

Assim que o cronômetro parar, retire o saco e coloque-o em um banho de gelo. Transfira a comida para um prato de servir. Decore com manjericão.

Batatas Confitadas com Alecrim Russet

Preparação + tempo de cozimento: 1 hora e 15 minutos | Porções: 4

Ingredientes

1 libra de batatas russet picadas

Sal a gosto

¼ colher de chá de pimenta branca moída

1 colher de chá de alecrim fresco picado

2 colheres de sopa de manteiga integral

1 colher de sopa de óleo de milho

Endereços

Prepare um banho-maria e coloque nele o Sous Vide. Defina para 192 F. Tempere as batatas com alecrim, sal e pimenta. Combine as batatas com manteiga e óleo. Coloque em um saco selável a vácuo. Solte o ar pelo método de deslocamento de água, feche e mergulhe a bolsa no banho-maria. Cozinhe por 60 minutos. Assim que o cronômetro parar, retire o saco e transfira-o para uma tigela grande. Decore com manteiga e sirva.

Peras ao curry e creme de coco

Preparação + tempo de cozimento: 1 hora e 10 minutos | Porções: 4

Ingredientes

2 peras, sem caroço, descascadas e fatiadas

1 colher de sopa de curry em pó

2 colheres de sopa de creme de coco

Endereços

Prepare um banho-maria e coloque nele o Sous Vide. Defina-o para 186F.

Combine todos os ingredientes e coloque em um saco selado a vácuo. Solte o ar pelo método de deslocamento de água, feche e mergulhe a bolsa no banho-maria. Cozinhe por 60 minutos. Assim que o cronômetro parar, retire o saco e transfira-o para uma tigela grande. Divida em pratos de servir e sirva.

Purê Suave de Brócolis

Preparação + tempo de cozimento: 2 horas e 15 minutos | Porções: 4

Ingredientes

1 cabeça de brócolis cortada em florzinhas

½ colher de chá de alho em pó

Sal a gosto

1 colher de sopa de manteiga

1 colher de sopa de creme de leite fresco

Endereços

Prepare um banho-maria e coloque nele o Sous Vide. Defina para 183 F. Combine brócolis, sal, alho em pó e creme de leite. Coloque em um saco selável a vácuo. Solte o ar pelo método de deslocamento de água, feche e mergulhe a bolsa no banho-maria. Cozinhe por 2 horas.

Assim que o cronômetro parar, retire o saco e transfira-o para o liquidificador para pulsar. Tempere e sirva.

Delicioso molho picante de tâmara e manga

Preparação + tempo de cozimento: 1 hora e 45 minutos | Porções: 4

Ingredientes

2 libras de manga picada

1 cebola pequena cortada em cubos

½ xícara de açúcar mascavo claro

¼ xícara de tâmaras

2 colheres de sopa de vinagre de maçã

2 colheres de sopa de suco de limão espremido na hora

1½ colher de chá de sementes de mostarda amarela

1½ colher de chá de sementes de coentro

Sal a gosto

¼ colher de chá de curry em pó

¼ colher de chá de açafrão seco

⅛ colher de chá de pimenta caiena

Endereços

Prepare um banho-maria e coloque nele o Sous Vide. Defina-o para 183 F.

Combine todos os ingredientes. Coloque em um saco selável a vácuo. Solte o ar pelo método de deslocamento de água, feche e mergulhe a bolsa no banho-maria. Cozinhe por 90 minutos. Assim que o cronômetro parar, retire o saco e despeje em uma panela.

asas de frango agridoce

Preparação + tempo de cozimento: 2 horas e 15 minutos | Porções:
2

Ingredientes

12 asas de frango

Sal e pimenta preta a gosto

1 xícara de mix de frango frito

½ xícara de água

½ xícara de molho de tamari

½ cebola picada

5 dentes de alho picados

2 colheres de chá de gengibre em pó

2 colheres de sopa de açúcar mascavo

¼ xícara de mirin

Sementes de gergelim para decorar

Pasta de amido de milho (misture 1 colher de sopa de amido de
milho e 2 colheres de sopa de água)

Azeite para fritar

Endereços

Prepare um banho-maria e coloque nele o Sous Vide. Defina para
147 F.

Coloque as asas de frango em um saco selado a vácuo e tempere com sal e pimenta. Solte o ar pelo método de deslocamento de água, feche e mergulhe a bolsa no banho-maria. Cozinhe por 2 horas. Assim que o cronômetro parar, remova o saco. Aqueça uma frigideira com óleo.

Em uma tigela, misture 1/2 xícara de mistura para fritar e 1/2 xícara de água. Despeje o restante da mistura para fritar em outra tigela. Mergulhe as asas na mistura úmida e depois na mistura seca. Frite por 1-2 minutos até ficar crocante e dourado.

Para o molho, aqueça uma panela e despeje todos os ingredientes; cozinhe até ficar borbulhante. Junte as asas. Cubra com sementes de gergelim e sirva.

Peitos de frango com frutas cítricas

Preparação + tempo de cozedura: 3 horas | Porções: 2

Ingredientes

1½ colher de sopa de suco de laranja espremido na hora

1½ colher de sopa de suco de limão espremido na hora

1½ colheres de sopa de açúcar mascavo

1 colher de sopa de Pernod

1 colher de sopa de azeite

1 colher de sopa de grãos integrais

1 colher de chá de sementes de aipo

Sal a gosto

¾ colher de chá de pimenta preta

2 peitos de frango com osso e pele

1 erva-doce, cortada, fatiada

2 clementinas, descascadas e fatiadas

endro picado

Endereços

Prepare um banho-maria e coloque nele o Sous Vide. Defina-o para
146F.

Misture o suco de limão, o suco de laranja, o Pernod, o azeite, as sementes de aipo, o açúcar mascavo, a mostarda, o sal e a pimenta em uma tigela. Misture bem. Coloque o peito de frango, a clementina fatiada e a erva-doce fatiada em um saco selável a vácuo. Adicione a mistura de laranja. Solte o ar pelo método de deslocamento de água, feche e mergulhe a bolsa no banho-maria. Cozinhe por 2 horas e 30 minutos. Assim que o cronômetro parar, retire o saco e transfira o conteúdo para um recipiente. Escorra o frango e coloque o suco do cozimento em uma panela quente.

Cozinhe por cerca de 5 minutos, até borbulhar. Retire e coloque no frango. Cozinhe por 6 minutos até dourar. Sirva o frango em uma travessa e regue com o molho. Decore com folhas de endro e erva-doce.

Frango Recheado com Alcachofra

Preparação + tempo de cozimento: 3 horas e 15 minutos | Porções:
6

Ingredientes:

2 libras de filés de peito de frango, cortados em formato de
borboleta

½ xícara de espinafre picado

8 dentes de alho esmagados

10 corações de alcachofra

Sal e pimenta branca a gosto

4 colheres de sopa de azeite

Endereços:

Combine alcachofra, pimenta e alho em um processador de
alimentos. Misture até ficar completamente homogêneo. Pulsar
novamente e adicionar gradualmente o óleo até incorporar bem.

Encha cada peito com quantidades iguais de mistura de alcachofra
e espinafre picado. Dobre novamente o filé de peito e prenda a
borda com um palito de madeira. Tempere com sal e pimenta
branca e transfira para sacos separados selados a vácuo. Sele os
sacos e cozinhe em Sous Vide por 3 horas a 149 F.

Bacon Crocante e Wrap de Frango

Preparação + tempo de cozimento: 3 horas e 15 minutos | Porções: 2

Ingredientes

1 peito de frango

2 tiras de bacon

2 colheres de sopa de mostarda Dijon

1 colher de sopa de queijo Pecorino Romano ralado

Endereços

Prepare um banho-maria e coloque nele o Sous Vide. Defina para 146 F. Combine o frango com sal. Marinar com mostarda Dijon dos dois lados. Cubra com queijo Pecorino Romano e enrole a pancetta em volta do frango.

Coloque em um saco selável a vácuo. Solte o ar pelo método de deslocamento de água, feche e mergulhe a bolsa no banho-maria. Cozinhe por 3 horas. Assim que o cronômetro parar, retire o frango e seque. Aqueça uma frigideira em fogo médio e doure até ficar crocante.

Frango com Tomate Seco

Preparação + tempo de cozimento: 1 hora e 15 minutos | Porções: 3

Ingredientes:

1 quilo de peito de frango, sem pele e desossado

½ xícara de tomate seco

1 colher de chá de mel cru

2 colheres de sopa de suco de limão fresco

1 colher de sopa de hortelã fresca, picada finamente

1 colher de sopa de cebolinha picada

1 colher de sopa de azeite

Sal e pimenta preta a gosto

Endereços:

Lave os peitos de frango em água fria corrente e seque com papel de cozinha. Deixou de lado.

Em uma tigela média, misture o suco de limão, o mel, a hortelã, a cebolinha, o azeite, o sal e a pimenta. Misture até incorporar bem. Adicione os peitos de frango e os tomates secos. Agite para cobrir tudo bem. Transfira tudo para um saco grande selável a vácuo.

Pressione o saco para retirar o ar e selar a tampa. Cozinhe sous vide por 1 hora a 167 F. Retire do banho-maria e sirva imediatamente.

Frango vegetal com molho de soja.

Preparação + tempo de cozimento: 6 horas e 25 minutos | Porções: 4

Ingredientes

1 frango inteiro com osso, amarrado

1 litro de caldo de galinha com baixo teor de sódio

2 colheres de sopa de molho de soja

5 raminhos de sálvia fresca

2 folhas de louro secas

2 xícaras de cenoura fatiada

2 xícaras de aipo fatiado

½ onça de cogumelos secos

3 colheres de sopa de manteiga

Endereços

Prepare um banho-maria e coloque nele o Sous Vide. Defina-o para 149F.

Combine o molho de soja, o caldo de galinha, as ervas, os vegetais e o frango. Coloque em um saco selável a vácuo. Solte o ar pelo método de deslocamento de água, feche e mergulhe a bolsa no banho-maria. Cozinhe por 6 horas.

Assim que o cronômetro parar, retire o frango e escorra os legumes. Seque com uma assadeira. Tempere com azeite, sal e pimenta. Aqueça o forno a 450 F. e asse por 10 minutos. Em uma panela, misture os sucos do cozimento. Retire do fogo e misture com a manteiga. Corte o frango sem pele e tempere com sal kosher e pimenta-do-reino moída. Sirva em uma tigela. Cubra com molho.

Salada de frango à chinesa com avelãs

Preparação + tempo de cozimento: 1 hora e 50 minutos | Porções: 4

Ingredientes

4 peitos de frango grandes, desossados e sem pele

Sal e pimenta preta a gosto

¼ xícara de mel

¼ xícara de molho de soja

3 colheres de sopa de manteiga de amendoim derretida

3 colheres de sopa de óleo de gergelim

2 colheres de sopa de óleo vegetal

4 colheres de chá de vinagre

½ colher de chá de páprica defumada

1 cabeça de alface americana picada

3 cebolinhas picadas

¼ xícara de avelãs fatiadas, torradas

¼ xícara de sementes de gergelim torradas

2 xícaras de tiras de wonton

Prepare um banho-maria e coloque nele o Sous Vide. Defina-o para 152 F.

Combine o frango com sal e pimenta e coloque em um saco selado a vácuo. Solte o ar pelo método de deslocamento de água, feche e mergulhe a bolsa no banho-maria. Cozinhe por 90 minutos.

Enquanto isso, misture o mel, o molho de soja, a manteiga de amendoim, o óleo de gergelim, o óleo vegetal, o vinagre e o colorau. Mexa até ficar homogêneo. Deixe esfriar na geladeira.

Assim que o cronômetro parar, retire o frango e seque-o com um pano de prato. Descarte os sucos do cozimento. Corte o frango em rodelas pequenas e transfira para uma saladeira. Adicione a alface, a cebolinha e as avelãs. Cubra com molho. Decore com sementes de gergelim e tiras de wonton.

Almoço de frango com páprica

Preparação + tempo de cozimento: 1 hora e 15 minutos | Porções: 2

Ingredientes

1 peito de frango desossado, cortado ao meio

Sal e pimenta preta a gosto

Pimenta a gosto

1 colher de sopa de páprica

1 colher de sopa de alho em pó

Endereços

Prepare um banho-maria e coloque nele o Sous Vide. Defina para 149 F. Escorra o frango e seque em uma assadeira. Tempere com alho em pó, páprica, pimenta e sal. Coloque em um saco selável a vácuo. Libere o ar pelo método de deslocamento de água, sele e mergulhe em banho-maria. Cozinhe por 1 hora. Assim que o cronômetro parar, retire o frango e sirva.

Ensopado de Frango com Alecrim

Preparação + tempo de cozimento: 4 horas e 15 minutos | Porções: 2

Ingredientes

2 coxas de frango

6 dentes de alho esmagados

¼ colher de chá de pimenta preta inteira

2 folhas de louro

¼ xícara de molho de soja escuro

¼ xícara de vinagre branco

1 colher de sopa de alecrim

Endereços

Prepare um banho-maria e coloque nele o Sous Vide. Defina para 165 F. Combine as coxas de frango com todos os ingredientes. Coloque em um saco selável a vácuo. Liberar o ar pelo método de deslocamento de água, selar e mergulhar em banho-maria. Cozinhe por 4 horas.

Assim que o cronômetro parar, retire o frango, descarte as folhas de louro e reserve o suco do cozimento. Aqueça o óleo de canola em uma frigideira em fogo médio e doure o frango. Adicione os sucos do cozimento e cozinhe até a consistência desejada. Coe o molho e cubra o frango.

Frango Crocante com Cogumelos

Preparação + tempo de cozimento: 1 hora e 15 minutos | Porções: 4

Ingredientes

4 peitos de frango desossados

1 xícara de pão ralado panko

1 quilo de cogumelos portobello fatiados

Pequeno ramo de tomilho

2 ovos

Sal e pimenta preta a gosto

Óleo de canola a gosto

Endereços

Prepare um banho-maria e coloque nele o Sous Vide. Defina-o para 149F.

Coloque o frango em um saco selado a vácuo. Tempere com sal e tomilho. Liberar o ar pelo método de deslocamento de água, selar e mergulhar em banho-maria. Cozinhe por 60 minutos.

Enquanto isso, aqueça uma frigideira em fogo médio. Cozinhe os cogumelos até a água evaporar. Adicione 3-4 raminhos de tomilho. Tempere com sal e pimenta. Assim que o cronômetro parar, remova o saco.

Aqueça uma frigideira com óleo em fogo médio. Misture o panko com sal e pimenta. Camada de frango na mistura panko. Frite por 1-2 minutos de cada lado. Sirva com cogumelos.

Prato de frango com ervas e abobrinha

Preparação + tempo de cozimento: 1 hora e 15 minutos | Porções: 2

Ingredientes

6 lombo de frango

4 xícaras de abóbora picada e assada

4 xícaras de rúcula

4 colheres de sopa de amêndoas fatiadas

Suco de 1 limão

2 colheres de sopa de azeite

4 colheres de sopa de cebola roxa picada

1 colher de sopa de páprica

1 colher de sopa de açafrão

1 colher de sopa de cominho

Sal a gosto

Endereços

Prepare um banho-maria e coloque nele o Sous Vide. Defina-o para 138F.

Coloque o frango e todos os temperos em um saco selado a vácuo. Liberar o ar pelo método de deslocamento de água, selar e mergulhar em banho-maria. Cozinhe por 60 minutos.

Assim que o cronômetro parar, retire o saco e transfira o frango para uma frigideira quente. Sele por 1 minuto de cada lado. Em uma tigela, misture os ingredientes restantes. Sirva o frango com a salada.

Frango Coentro com Molho de Manteiga de Amendoim

Preparação + tempo de cozimento: 1 hora e 40 minutos | Porções: 2

Ingredientes

4 peitos de frango

1 pacote de salada mista

1 maço de coentro

2 pepinos

2 cenouras

1 pacote de embalagens wonton

Óleo para fritar

¼ xícara de manteiga de amendoim

Suco de 1 limão

2 colheres de sopa de coentro picado

3 dentes de alho

2 colheres de sopa de gengibre fresco

½ xícara de água

2 colheres de sopa de vinagre branco

1 colher de sopa de molho de soja

1 colher de chá de molho de peixe

1 colher de chá de óleo de gergelim

3 colheres de sopa de óleo de canola

Endereços

Prepare um banho-maria e coloque nele o Sous Vide. Defina para 149 F. Tempere o frango com sal e pimenta e coloque em um saco selado a vácuo. Solte o ar pelo método de deslocamento de água, feche e mergulhe a bolsa no banho-maria. Cozinhe por 60 minutos. Pique o pepino, o coentro e a cenoura e misture com a salada.

Aqueça uma panela a 350 F. e encha com óleo. Corte as embalagens de wonton em pedaços e frite até ficarem crocantes. Num processador de alimentos, coloque a manteiga de amendoim, o suco de limão, o gengibre fresco, o coentro, a água, o vinagre branco, o molho de peixe, o molho de soja, o gergelim e o óleo de canola. Misture até ficar homogêneo.

Quando o cronômetro terminar, retire o frango e transfira para uma frigideira quente. Sele por 30 segundos de cada lado. Misture as tiras de wonton com a salada. Corte o frango em rodelas. Sirva por cima da salada. Regue com o molho.

Ensopado de frango e alho-poró

Preparação + tempo de cozimento: 70 minutos | Porções: 4

Ingredientes

6 peitos de frango sem pele

Sal e pimenta preta a gosto

3 colheres de sopa de manteiga

1 alho-poró grande, cortado transversalmente

½ xícara de panko

2 colheres de sopa de salsa picada

1 onça de queijo Copoundy Jack

1 colher de sopa de azeite

Endereços

Prepare um banho-maria e coloque nele o Sous Vide. Defina-o para 146F.

Coloque os peitos de frango em um saco selado a vácuo. Tempere com sal e pimenta. Liberar o ar pelo método de deslocamento de água, selar e mergulhar em banho-maria. Cozinhe por 45 minutos.

Enquanto isso, aqueça uma frigideira em fogo alto com manteiga e cozinhe o alho-poró. Tempere com sal e pimenta. Misture bem. Abaixe o fogo e deixe cozinhar por 10 minutos.

Aqueça uma frigideira em fogo médio com manteiga e acrescente o panko. Cozinhe até ficar torrado. Transfira para uma tigela e misture com o queijo cheddar e a salsa picada. Assim que o cronômetro parar, retire os seios e seque-os. Aqueça uma frigideira em fogo alto com azeite e doure o frango por 1 minuto de cada lado. Sirva sobre o alho-poró e decore com a mistura panko.

Pernas de frango com mostarda

Preparação + tempo de cozimento: 2 horas e 30 minutos | Porções: 4

Ingredientes

4 coxas de frango inteiras

Sal e pimenta preta a gosto

2 colheres de sopa de azeite

2 chalotas em fatias finas

3 dentes de alho em fatias finas

½ xícara de vinho branco seco

1 xícara de caldo de galinha

¼ xícara de mostarda integral

1 xícara meio a meio de creme

1 colher de chá de açafrão

2 colheres de sopa de estragão fresco picado

1 colher de sopa de tomilho fresco picado

Endereços

Prepare um banho-maria e coloque nele o Sous Vide. Defina para 172 F. Tempere o frango com sal e pimenta. Numa frigideira aqueça o azeite em lume alto e doure as coxas de frango durante 5-7 minutos. Deixou de lado.

Na mesma panela adicione a cebolinha e o alho. Cozinhe por 5 minutos. Adicione o vinho branco e cozinhe por 2 minutos até borbulhar. Retire e despeje o caldo de galinha e a mostarda.

Combine o molho de mostarda com o frango e coloque em um saco selado a vácuo. Liberar o ar pelo método de deslocamento de água, selar e mergulhar em banho-maria. Cozinhe por 2 horas.

Assim que o cronômetro parar, retire o saco, reserve o frango e separe os líquidos do cozimento. Em uma panela quente, coloque os líquidos do cozimento e o creme de leite e metade. Cozinhe até ficar borbulhante e meio evaporado. Retire do fogo e misture o estragão, a cúrcuma, o tomilho e as coxas de frango. Misture bem. Tempere com sal e pimenta e sirva.

Salada de frango com queijo e grão de bico

Preparação + tempo de cozimento: 1 hora e 30 minutos | Porções: 2

Ingredientes

6 lombinhos de peito de frango, desossados e sem pele

4 colheres de sopa de azeite

2 colheres de sopa de molho picante

1 colher de chá de cominho em pó

1 colher de chá de açúcar mascavo claro

1 colher de chá de canela em pó

Sal e pimenta preta a gosto

1 lata de grão de bico escorrido

½ xícara de queijo feta esfarelado

½ xícara de queijo fresco esfarelado

½ xícara de manjericão ralado

½ xícara de hortelã fresca picada

4 colheres de chá de pinhões torrados

2 colheres de chá de mel

2 colheres de chá de suco de limão espremido na hora

Endereços

Prepare um banho-maria e coloque nele o Sous Vide. Defina para 138 F. Coloque os peitos de frango, 2 colheres de sopa de azeite, molho picante, açúcar mascavo, cominho e canela em um saco selado a vácuo. Tempere com sal e pimenta. Solte o ar pelo método de deslocamento de água, feche e mergulhe a bolsa no banho-maria. Cozinhe por 75 minutos.

Enquanto isso, misture o grão de bico, o manjericão, o queijo fresco, a hortelã e os pinhões numa tigela. Despeje o mel, o suco de limão e 2 colheres de sopa de azeite. Tempere com sal e pimenta. Assim que o cronômetro parar, retire o frango e corte-o em pedaços. Descarte os sucos do cozimento. Misture a salada e o frango, misture bem e sirva.

Frango com queijo em camadas

Preparação + tempo de cozimento: 60 minutos | Porções: 2

Ingredientes

2 peitos de frango, desossados e sem pele

Sal e pimenta preta a gosto

2 colheres de chá de manteiga

4 xícaras de alface

1 tomate grande, fatiado

1 onça de queijo cheddar fatiado

2 colheres de sopa de cebola roxa cortada em cubos

folhas frescas de manjericão

1 colher de sopa de azeite

2 rodelas de limão para servir

Endereços

Prepare um banho-maria e coloque nele o Sous Vide. Defina-o para 146F.

Coloque o frango em um saco selado a vácuo. Tempere com sal e pimenta. Solte o ar pelo método de deslocamento de água, feche e mergulhe a bolsa no banho-maria. Cozinhe por 45 minutos.

Assim que o cronômetro parar, retire o frango e descarte o suco do cozimento. Aqueça uma frigideira em fogo alto com manteiga. Sele o frango até dourar. Transfira para um prato de servir. Coloque a alface entre o frango e cubra com o tomate, a cebola roxa, o queijo cheddar e o manjericão. Polvilhe com azeite, sal e pimenta. Sirva com rodelas de limão.

Frango à moda chinesa

Preparação + tempo de cozimento: 1 hora e 35 minutos | Porções:
6

Ingredientes

1½ libra de peito de frango, desossado e sem pele

¼ xícara de cebola picada

2 colheres de sopa de molho inglês

1 colher de sopa de mel

1 colher de chá de óleo de gergelim

1 dente de alho picado

¾ colher de chá de cinco especiarias chinesas em pó

Endereços

Prepare um banho-maria e coloque nele o Sous Vide. Defina-o para
146F.

Coloque o frango, a cebola, o mel, o molho inglês, o óleo de gergelim,
o alho e cinco temperos em um saco selado a vácuo. Solte o ar pelo
método de deslocamento de água, feche e mergulhe a bolsa no
banho-maria. Cozinhe por 75 minutos. Aqueça uma frigideira em
fogo médio. Assim que o cronômetro parar, retire o saco e coloque-

o na panela. Sele por 5 minutos até dourar. Pique o frango em medalhões.

Almôndegas de Frango com Orégano

Preparação + tempo de cozimento: 2 horas e 20 minutos | Porções: 4

Ingredientes

1 quilo de frango moído

1 colher de sopa de azeite

2 dentes de alho picados

1 colher de chá de orégano fresco picado

Sal a gosto

1 colher de sopa de cominho

½ colher de chá de raspas de limão

½ colher de chá de pimenta preta

¼ xícara de pão ralado panko

Fatias de limão

Endereços

Prepare um banho-maria e coloque nele o Sous Vide. Defina para 146 F. Misture o frango moído, o alho, o azeite, o orégano, as raspas de limão, o cominho, o sal e a pimenta em uma tigela. Com as mãos, faça pelo menos 14 almôndegas. Coloque as almôndegas em um saco selado a vácuo. Solte o ar pelo método de deslocamento de água, feche e mergulhe a bolsa no banho-maria. Cozinhe por 2 horas.

Assim que o cronômetro parar, retire o saco e transfira as almôndegas para uma assadeira forrada com papel alumínio. Aqueça uma frigideira em fogo médio e doure as almôndegas por 7 minutos. Cubra com rodelas de limão.

Galinha da Cornualha carregada com arroz e frutas vermelhas

Preparação + tempo de cozimento: 4 horas e 40 minutos | Porções: 2

Ingredientes

2 galinhas inteiras da Cornualha

4 colheres de sopa de manteiga mais 1 colher de sopa extra

2 xícaras de cogumelos shitake, cortados em fatias finas

1 xícara de alho-poró picado

¼ xícara de nozes picadas

1 colher de sopa de tomilho fresco picado

1 xícara de arroz selvagem cozido

¼ xícara de cranberries secas

1 colher de sopa de mel

Endereços

Prepare um banho-maria e coloque nele o Sous Vide. Defina-o para 149F.

Numa frigideira aqueça 4 colheres de sopa de manteiga em fogo médio, depois de derreter acrescente os cogumelos, o tomilho, o alho-poró e as nozes. Cozinhe por 5 a 10 minutos. Coloque o arroz e os cranberries. Retire do fogo. Deixe esfriar por 10 minutos. Preencha as cavidades dos frangos com a mistura. Amarre as pernas.

Coloque os frangos em um saco selado a vácuo. Solte o ar pelo método de deslocamento de água, feche e mergulhe a bolsa na banheira. Cozinhe por 4 horas. Aqueça uma frigideira em fogo alto. Em uma tigela, misture o mel e 1 colher de sopa de manteiga derretida. Despeje sobre as galinhas. Doure os frangos por 2 minutos e sirva.

Frango Xadrez Enrolado

Preparação + tempo de cozimento: 1 hora e 45 minutos | Porções:
2

Ingredientes

1 peito de frango

¼ xícara de cream cheese

¼ xícara de pimentão vermelho assado em juliana

½ xícara de rúcula solta

6 fatias de presunto

Sal e pimenta preta a gosto

1 colher de sopa de óleo

Endereços

Prepare um banho-maria e coloque nele o Sous Vide. Defina para
155 F. Escorra o frango e misture até ficar bem espesso. Depois
corte ao meio e tempere com sal e pimenta. Espalhe 2 colheres de
sopa de cream cheese e adicione pimentão vermelho assado e
rúcula por cima.

Enrole os peitos como se fosse um sushi e coloque 3 camadas de
presunto e enrole os peitos. Coloque em um saco selável a vácuo.
Liberar o ar pelo método de deslocamento de água, selar e

mergulhar em banho-maria. Cozinhe por 90 minutos. Assim que o cronômetro parar, retire o frango do saco e doure-o. Corte em fatias pequenas e sirva.

Salada de Frango e Ervilha com Menta

Preparação + tempo de cozimento: 1 hora e 30 minutos | Porções: 2

Ingredientes

6 lombinhos de peito de frango, desossados

4 colheres de sopa de azeite

Sal e pimenta preta a gosto

2 xícaras de ervilhas escaldadas

1 xícara de hortelã recém cortada

½ xícara de queijo fresco esfarelado

1 colher de sopa de suco de limão espremido na hora

2 colheres de chá de mel

2 colheres de chá de vinagre de vinho tinto

Endereços

Prepare um banho-maria e coloque nele o Sous Vide. Defina-o para 138F.

Coloque o frango com azeite em um saco selado a vácuo. Tempere com sal e pimenta. Solte o ar pelo método de deslocamento de água, feche e mergulhe a bolsa no banho-maria. Cozinhe por 75 minutos.

Numa tigela, misture as ervilhas, o queijo fresco e a hortelã. Misture sucos de limão, vinagre de vinho tinto, mel e 2 colheres de sopa de azeite. Tempere com sal e pimenta.

Quando estiver pronto, retire o frango e corte-o em pedaços. Descarte os líquidos de cozimento. Participar.

Frango com Ervas e Molho de Creme de Cogumelos

Preparação + tempo de cozimento: 4 horas e 15 minutos | Porções: 2

Ingredientes

<u>para frango</u>

2 peitos de frango desossados e sem pele

Sal a gosto

1 colher de sopa de endro

1 colher de sopa de açafrão

1 colher de chá de óleo vegetal

<u>Para o molho</u>

3 chalotas picadas

2 dentes de alho picados

1 colher de chá de azeite

2 colheres de manteiga

1 xícara de cogumelos fatiados

2 colheres de sopa de vinho do Porto

½ xícara de caldo de galinha

1 xícara de queijo de cabra

¼ colher de chá de pimenta preta moída

Endereços

Prepare um banho-maria e coloque nele o Sous Vide. Defina para 138 F. Coloque o frango temperado com sal e pimenta em um saco selado a vácuo. Solte o ar pelo método de deslocamento de água, feche e mergulhe a bolsa no banho-maria. Cozinhe por 4 horas.

Assim que o cronômetro parar, retire o saco e transfira-o para um banho de gelo. Deixe esfriar e secar. Deixou de lado. Aqueça o azeite em uma frigideira em fogo alto, acrescente as cebolas e cozinhe por 2-3 minutos. Coloque a manteiga, o endro, a cúrcuma e o alho, cozinhe por mais 1 minuto. Adicione os cogumelos, o vinho e o caldo. Cozinhe por 2 minutos e despeje o creme de leite. Continue cozinhando até o molho engrossar. Tempere com sal e pimenta. Aqueça uma grelha até fumegar. Pincele o frango com azeite e doure por 1 minuto de cada lado. Cubra com molho.

Frango frito crocante

Preparação + tempo de cozedura: 2 horas | Porções: 4

Ingredientes

8 coxas de frango

Sal e pimenta preta a gosto

<u>Para mistura úmida</u>

2 xícaras de leite de soja

1 colher de sopa de suco de limão

<u>Para mistura seca</u>

1 xícara de farinha

1 xícara de farinha de arroz

½ xícara de amido de milho

2 colheres de sopa de páprica

1 colher de sopa de gengibre

Sal e pimenta preta a gosto

Endereços

Prepare um banho-maria e coloque nele o Sous Vide. Defina para 154 F. Coloque o frango temperado com pimenta e sal em um saco selado a vácuo. Liberar o ar pelo método de deslocamento de água, selar e mergulhar em banho-maria. Cozinhe por 1 hora.

Assim que o cronômetro parar, remova o saco. Deixe esfriar por 15 minutos. Aqueça uma panela com óleo a 400-425 F. Em uma tigela, misture o leite de soja e o suco de limão para obter uma mistura úmida. Em outra tigela, misture a farinha proteica, a farinha de arroz, o amido de milho, o gengibre, a páprica, o sal e a pimenta moída para obter a mistura seca.

Mergulhe o frango na mistura seca e depois na mistura úmida. Repita mais 2-3 vezes. Coloque em uma assadeira. Repita o processo até terminar o frango. Frite o frango por 3-4 minutos. Reserve e deixe esfriar por 10-15 minutos. Cubra com rodelas de limão e molho.

Salada de Frango Verde com Amêndoas

Preparação + tempo de cozimento: 95 minutos | Porções: 2

Ingredientes

2 peitos de frango sem pele

Sal e pimenta preta a gosto

1 xícara de amêndoas

1 colher de sopa de azeite

2 colheres de sopa de açúcar

4 pimentões vermelhos, em fatias finas

1 dente de alho descascado

3 colheres de sopa de molho de peixe

2 colheres de chá de suco de limão espremido na hora

1 xícara de coentro picado

1 cebolinha em fatias finas

1 talo de capim-limão, apenas a parte branca, fatiado

1 pedaço de gengibre de 5 cm, juliana

Endereços

Prepare um banho-maria e coloque nele o Sous Vide. Defina para 138 F. Coloque o frango temperado com sal e pimenta em um saco selado a vácuo. Solte o ar pelo método de deslocamento de água, feche e mergulhe a bolsa no banho-maria. Cozinhe por 75 minutos.

Após 60 minutos, aqueça o azeite em uma panela a 350 F. Torre as amêndoas por 1 minuto até secar. Bata o açúcar, o alho e a pimenta. Despeje o molho de peixe e o suco de limão.

Quando estiver pronto, retire o saco e deixe esfriar. Corte o frango em pedaços e coloque numa tigela. Despeje o molho e misture bem. Adicione o coentro, o gengibre, o capim-limão e as amêndoas fritas. Decore com pimenta e sirva.

Frango com coco leitoso

Preparação + tempo de cozimento: 75 minutos | Porções: 2

Ingredientes

2 peitos de frango

4 colheres de sopa de leite de coco

Sal e pimenta preta a gosto

<u>Para o molho</u>

4 colheres de sopa de molho satay

2 colheres de sopa de leite de coco

Uma pitada de molho de tamari

Endereços

Prepare um banho-maria e coloque nele o Sous Vide. Defina-o para 138F.

Coloque o frango em um saco selado a vácuo e tempere com sal e pimenta. Adicione 4 colheres de sopa de leite. Solte o ar pelo método de deslocamento de água, feche e mergulhe a bolsa no banho-maria. Cozinhe por 60 minutos.

Assim que o cronômetro parar, remova o saco. Combine os ingredientes do molho e leve ao microondas por 30 segundos. Corte o frango em rodelas. Sirva em um prato e polvilhe com o molho.

Prato de frango e bacon estilo romano

Preparação + tempo de cozimento: 1 hora e 40 minutos | Porções: 4

Ingredientes

4 peitos de frango pequenos, desossados e sem pele

8 folhas de sálvia

4 pedaços de bacon em fatias finas

Pimenta preta a gosto

1 colher de sopa de azeite

2 onças de queijo fontina ralado

Endereços

Prepare um banho-maria e coloque nele o Sous Vide. Defina para 146 F. Tempere o frango com sal e pimenta. Cubra com 2 folhas de sálvia e 1 fatia de bacon. Coloque-os em um saco selado a vácuo. Solte o ar pelo método de deslocamento de água, feche e mergulhe a bolsa no banho-maria. Cozinhe por 90 minutos.

Assim que o cronômetro parar, retire o saco e seque. Numa frigideira aqueça o azeite em fogo alto e doure o frango por 1 minuto. Vire o frango e cubra com 1 colher de sopa de queijo fontina. Tampe a panela e deixe o queijo derreter. Sirva o frango numa travessa e decore com folhas de sálvia.

Salada de tomate cereja, abacate e frango

Preparação + tempo de cozimento: 1 hora e 30 minutos | Porções: 2

Ingredientes

1 peito de frango

1 abacate fatiado

10 pedaços de tomate cereja cortados ao meio

2 xícaras de alface picada

2 colheres de sopa de azeite

1 colher de sopa de suco de limão

1 dente de alho esmagado

Sal e pimenta preta a gosto

2 colheres de chá de xarope de bordo

Endereços

Prepare um banho-maria e coloque nele o Sous Vide. Defina para 138 F. Coloque o frango em um saco selável a vácuo. Tempere com sal e pimenta. Solte o ar pelo método de deslocamento de água, feche e mergulhe a bolsa no banho-maria. Cozinhe por 75 minutos.

Assim que o cronômetro parar, retire o frango. Aqueça o azeite em uma frigideira em fogo médio. Doure os peitos por 30 segundos e corte em fatias. Em uma tigela, misture o alho, o suco de limão, o xarope de bordo e o azeite. Adicione a alface, o tomate cereja e o abacate. Misture bem. Sirva a salada e cubra com o frango.

Frango com pimenta

Preparação + tempo de cozimento: 2 horas e 15 minutos | Porções: 2

Ingredientes

4 coxas de frango

2 colheres de sopa de azeite

Sal e pimenta preta a gosto

1 dente de alho esmagado

3 colheres de sopa de molho de peixe

¼ xícara de suco de limão

1 colher de açúcar

3 colheres de sopa de manjericão picado

3 colheres de sopa de coentro picado

2 pimentões vermelhos (sem sementes), picados

1 colher de sopa de molho de pimenta doce

1 colher de sopa de molho de pimenta verde

Endereços

Prepare um banho-maria e coloque nele o Sous Vide. Defina para 149 F. Enrole o frango em filme plástico e deixe esfriar. Coloque em um saco selável a vácuo com azeite, sal e pimenta. Solte o ar pelo método de deslocamento de água, feche e mergulhe a bolsa no banho-maria. Cozinhe por 2 horas.

Assim que o cronômetro parar, retire o frango e corte-o em 4-5 pedaços. Aqueça o óleo vegetal em uma frigideira em fogo médio e doure até ficar crocante. Em uma tigela, misture todos os ingredientes do molho e reserve. Sirva o frango, tempere com sal e cubra com o molho.

Asas de frango com sabor de mel

Preparação + tempo de cozedura: 135 minutos | Porções: 2

Ingredientes

¾ colher de chá de molho de soja

¾ colher de chá de vinho de arroz

¾ colher de chá de mel

¼ colher de chá de cinco especiarias

6 asas de frango

½ polegada de gengibre fresco

maça moída de ½ polegada

1 dente de alho picado

Cebolinha fatiada para servir

Endereços

Prepare um banho-maria e coloque nele o Sous Vide. Defina-o para 160F.

Em uma tigela, misture o molho de soja, o vinho de arroz, o mel e cinco especiarias. Coloque as asas de frango e o alho em um saco selado a vácuo. Solte o ar pelo método de deslocamento de água, feche e mergulhe a bolsa no banho-maria. Cozinhe por 2 horas.

Assim que o cronômetro parar, remova as asas e transfira-as para uma assadeira. Asse no forno por 5 minutos a 380 F. Sirva em uma travessa e decore com cebolinhas fatiadas.

Frango com curry verde e macarrão

Preparação + tempo de cozedura: 3 horas | Porções: 2

Ingredientes

1 peito de frango, desossado e sem pele

Sal e pimenta preta a gosto

1 lata (13,5 onças) de leite de coco

2 colheres de sopa de pasta de curry verde

1¾ xícara de caldo de galinha

1 xícara de cogumelos shiitake

5 folhas de limão kaffir, cortadas ao meio

2 colheres de sopa de molho de peixe

1½ colheres de sopa de açúcar

½ xícara de folhas de manjericão tailandês picadas

2 onças de ninhos de macarrão de ovo cozido

1 xícara de coentro picado

1 xícara de broto de feijão

2 colheres de sopa de macarrão frito

2 pimentões vermelhos picados

Endereços

Prepare um banho-maria e coloque nele o Sous Vide. Defina para 138 F. Tempere o frango com sal e pimenta. Coloque em um saco selável a vácuo. Solte o ar pelo método de deslocamento de água, feche e mergulhe a bolsa no banho-maria. Cozinhe por 90 minutos.

Após 35 minutos, aqueça uma panela em fogo médio e acrescente a pasta de curry verde e metade do leite de coco. Cozinhe por 5 a 10 minutos até que o leite de coco comece a engrossar. Adicione o caldo de galinha e o restante do leite de coco. Cozinhe por 15 minutos.

Abaixe o fogo e acrescente as folhas de limão kaffir, os cogumelos shiitake, o açúcar e o molho de peixe. Cozinhe por pelo menos 10 minutos. Retire do fogo e acrescente o manjericão.

Assim que o cronômetro parar, retire o saco e deixe esfriar por 5 minutos, depois corte em rodelas pequenas. Sirva o molho de curry, o macarrão cozido e o frango em um prato fundo. Cubra com broto de feijão, coentro, pimenta e macarrão frito.

Mini Pesto de Frango com Abacate

Preparação + tempo de cozimento: 1 hora e 40 minutos | Porções:
2

Ingredientes

1 peito de frango, desossado, sem pele, amanteigado

Sal e pimenta preta a gosto

1 colher de sopa de sálvia

3 colheres de sopa de azeite

1 colher de sopa de pesto

1 abobrinha fatiada

1 abacate

1 xícara de folhas frescas de manjericão

Endereços

Prepare um banho-maria e coloque nele o Sous Vide. Defina-o para
138F.

Bata o peito de frango até ficar fino. Tempere com sálvia, pimenta e
sal. Coloque em um saco selável a vácuo. Adicione 1 colher de sopa
de óleo e pesto. Solte o ar pelo método de deslocamento de água,
feche e mergulhe a bolsa no banho-maria. Cozinhe por 75 minutos.
Após 60 minutos, aqueça 1 colher de sopa de azeite em uma

frigideira em fogo alto, acrescente a abobrinha e ¼ xícara de água. Cozinhe até a água evaporar. Assim que o cronômetro parar, retire o frango.

Numa frigideira aqueça o azeite restante em fogo médio e sele o frango por 2 minutos de cada lado. Reserve e deixe esfriar. Corte o frango em fatias pequenas como a abobrinha. Corte também o abacate. Sirva o frango com fatias de abacate por cima. Decore com abobrinha fatiada e manjericão.

Bolinhos de frango com queijo

Preparação + tempo de cozimento: 1 hora e 15 minutos | Porções: 6

Ingredientes

1 quilo de frango moído

2 colheres de sopa de cebola picada

¼ colher de chá de alho em pó

Sal e pimenta preta a gosto

2 colheres de sopa de pão ralado

1 ovo

32 cubos pequenos de queijo mussarela, cortados em cubos

1 colher de sopa de manteiga

3 colheres de sopa de panko

½ xícara de molho de tomate

½ onça de queijo Pecorino Romano ralado

Salsa picada

Endereços

Prepare um banho-maria e coloque nele o Sous Vide. Defina para 146 F. Em uma tigela, misture o frango, a cebola, o sal, o alho em pó, a pimenta e o pão ralado temperado. Adicione o ovo e misture bem.

Forme 32 bolinhas médias e recheie-as com um cubo de queijo, certificando-se de que a mistura cobre bem o queijo.

Coloque as bolas em um saco selado a vácuo e deixe esfriar por 20 minutos. Em seguida, libere o ar pelo método de deslocamento de água, feche e mergulhe a bolsa no banho-maria. Cozinhe por 45 minutos.

Assim que o cronômetro parar, remova as bolas. Derreta a manteiga em uma frigideira em fogo alto e adicione o panko. Cozinhe até ficar torrado. Cozinhe também o molho de tomate. Coloque as bolinhas num prato de servir e cubra com o molho de tomate. Cubra com o panko e o queijo. Decore com salsa.

Hambúrgueres de queijo de peru

Preparação + tempo de cozimento: 1 hora e 45 minutos | Porções:
6

Ingredientes

6 colheres de chá de azeite

1½ libra de peru moído

16 biscoitos cremosos triturados

2½ colheres de sopa de salsa fresca picada

2 colheres de sopa de manjericão fresco picado

½ colher de sopa de molho inglês

½ colher de sopa de molho de soja

½ colher de chá de alho em pó

1 ovo

6 pães torrados

6 rodelas de tomate

6 folhas de alface romana

6 fatias de queijo Monterey Jack

Endereços

Prepare um banho-maria e coloque nele o Sous Vide. Defina para
148 F. Combine peru, biscoitos, salsa, manjericão, molho de soja e
alho em pó. Adicione o ovo e misture com as mãos.

Em uma assadeira com cera de pimenta, faça 6 hambúrgueres com a mistura e coloque-os. Cubra e transfira para a geladeira.

Retire os hambúrgueres da geladeira e coloque-os em três sacos lacrados a vácuo. Liberar o ar pelo método de deslocamento de água, selar e mergulhar os sacos no banho-maria. Cozinhe por 1 hora e 15 minutos.

Assim que o cronômetro parar, retire os hambúrgueres. Descarte os sucos do cozimento.

Numa frigideira aqueça o azeite em lume alto e coloque os hambúrgueres. Sele por 45 segundos de cada lado. Coloque as empanadas nos pães torrados. Cubra com tomate, alface e queijo. Participar.

Peru recheado com bacon e nozes enrolado em presunto

Preparação + tempo de cozimento: 3 horas e 45 minutos | Porções: 6

Ingredientes

1 cebola branca picada

3 colheres de sopa de manteiga

1 xícara de bacon em cubos

4 colheres de sopa de pinhões

2 colheres de sopa de tomilho picado

4 dentes de alho picados

Raspas de 2 limões

4 colheres de sopa de salsa picada

¾ xícara de pão ralado

1 ovo batido

4 libras de peito de peru desossado, com borboletas

Sal e pimenta preta a gosto

16 fatias de presunto

Endereços

Prepare um banho-maria e coloque nele o Sous Vide. Defina-o para 146F.

Aqueça 2 colheres de sopa de manteiga em uma frigideira em fogo médio e refogue a cebola por 10 minutos até ficar macia. Deixou de lado. Na mesma frigideira, adicione o bacon e cozinhe por 5 minutos até dourar. Adicione os pinhões, o tomilho, o alho e as raspas de limão e cozinhe por mais 2 minutos. Adicione a salsa e misture. Retorne a cebola à panela, adicione o pão ralado e o ovo.

Retire o peru e cubra-o com filme plástico. Usando um martelo de carne, bata até ficar grosso. Coloque o presunto em papel alumínio. Coloque o peru por cima do presunto e alise o centro para criar uma tira. Enrole o peru firmemente de um lado para o outro até embrulhá-lo completamente. Cubra com filme plástico e coloque em um saco selável a vácuo. Solte o ar pelo método de deslocamento de água, feche e mergulhe a bolsa no banho-maria. Cozinhe por 3 horas.

Assim que o cronômetro parar, remova o peru e descarte o plástico. Numa frigideira aqueça a manteiga restante em fogo médio e acrescente o peito. Doure o presunto por 45 segundos de cada lado. Enrole o peru e doure por mais 2-3 minutos. Corte o peito em medalhões e sirva.

Rolinhos de Omelete de Salada César com Peru

Preparação + tempo de cozimento: 1 hora e 40 minutos | Porções: 4

Ingredientes

2 dentes de alho picados

2 peitos de peru desossados e sem pele

Sal e pimenta preta a gosto

1 xícara de maionese

2 colheres de sopa de suco de limão espremido na hora

1 colher de chá de pasta de anchova

1 colher de chá de mostarda Dijon

1 colher de chá de molho de soja

4 xícaras de alface americana

4 tortilhas

Endereços

Prepare um banho-maria e coloque nele o Sous Vide. Defina para 152 F. Tempere o peito de peru com sal e pimenta e coloque em um saco selado a vácuo. Solte o ar pelo método de deslocamento de água, feche e mergulhe a bolsa no banho-maria. Cozinhe por 1 hora e 30 minutos.

Combine a maionese, o alho, o suco de limão, a pasta de anchova, a mostarda, o molho de soja e o restante do sal e da pimenta. Deixe descansar na geladeira. Assim que o cronômetro parar, retire o peru e seque-o. Corte o peru em fatias. Misture a alface com o molho frio. Despeje um quarto da mistura de peru em cada tortilha e dobre. Corte ao meio e sirva com o molho.

Rolinho de Sálvia de Peru

Preparação + tempo de cozimento: 5 horas e 15 minutos | Porções: 6

Ingredientes:

3 colheres de sopa de azeite

2 cebolas amarelas pequenas, cortadas em cubos

2 talos de aipo em cubos

3 colheres de sopa de sálvia moída

2 cascas de limão e suco

3 xícaras de mistura de recheio de peru

2 xícaras de caldo de peru ou galinha

5 libras de peito de peru cortado pela metade

Endereços:

Coloque uma frigideira em fogo médio, acrescente o azeite, a cebola e o aipo. Refogue por 2 minutos. Adicione o suco de limão, as raspas e a sálvia até reduzir o suco de limão.

Em uma tigela, despeje a mistura do recheio e adicione a mistura de sálvia cozida. Misture com as mãos. Adicione o caldo, mexendo manualmente até que os ingredientes fiquem bem unidos e não fiquem mais escorrendo. Retire com cuidado a pele do peru e coloque-o em filme plástico. Remova os ossos e descarte.

Coloque o peito de peru sobre a pele e coloque uma segunda camada de filme plástico sobre o peito de peru. Achate-o com 1 polegada de espessura com um rolo. Retire o filme plástico de cima e espalhe o recheio sobre o peru achatado, deixando um espaço de ½ polegada nas bordas.

Começando pelo lado estreito, enrole o peru como um rolo de massa e cubra-o com a pele extra. Prenda o rolo com barbante de açougueiro. Enrole o rolo de peru no filme plástico mais largo e torça as pontas para prender o rolo, que deve formar um cilindro apertado.

Coloque o rolo em um saco selável a vácuo, solte o ar e feche o saco. Leve à geladeira por 40 minutos. Faça um banho-maria, coloque Sous Vide nele e ajuste para 155 F. Coloque o rolinho de peru no banho-maria e ajuste o cronômetro para 4 horas.

Assim que o cronômetro parar, remova o saco e abra-o. Pré-aqueça o forno a 400 F, retire o filme plástico do peru e coloque-o em uma assadeira, com a pele voltada para cima. Asse por 15 minutos. Corte em fatias. Sirva com molho cremoso e legumes com baixo teor de carboidratos cozidos no vapor.

Peito de peru com tomilho

Preparação + tempo de cozimento: 3 horas e 15 minutos | Porções: 6

Ingredientes

1 meio peito de peru, desossado e com pele

1 colher de sopa de azeite

1 colher de sopa de sal de alho

1 colher de sopa de tomilho

1 colher de chá de pimenta preta

Endereços

Prepare um banho-maria e coloque nele o Sous Vide. Defina-o para 146F.

Combine o peito de peru, o alho, o tomilho, o sal e a pimenta. Coloque em um saco selável a vácuo. Solte o ar pelo método de deslocamento de água, feche e mergulhe a bolsa no banho-maria. Cozinhe por 4 horas.

Assim que o cronômetro parar, retire o saco e seque com uma assadeira. Aqueça uma frigideira de ferro em fogo alto e frite por 5 minutos até dourar.

Hambúrgueres de almôndega de peru com pesto

Preparação + tempo de cozimento: 80 minutos | Porções: 4

Ingredientes

1 libra de peru moído

3 cebolinhas picadas finamente

1 ovo grande, batido

1 colher de sopa de pão ralado

1 colher de chá de orégano seco

1 colher de sopa de tomilho

Sal e pimenta preta a gosto

½ xícara de pesto (mais 2 colheres de chá extras)

2 onças de queijo mussarela, cortado em pedaços

4 pães de hambúrguer grandes

Endereços

Prepare um banho-maria e coloque nele o Sous Vide. Defina para 146 F. Em uma tigela, misture o peru, o ovo, o pão ralado, a cebolinha, o tomilho e o orégano. Tempere com sal e pimenta. Misture bem. Faça pelo menos 8 bolas e faça um furo no meio com o polegar. Encha cada um com 1/4 colher de sopa de pesto e 1/4 onça de queijo mussarela. Certifique-se de que a carne cubra o recheio.

Coloque em um saco selável a vácuo. Solte o ar pelo método de deslocamento de água, feche e mergulhe a bolsa no banho-maria. Cozinhe por 60 minutos. Assim que o cronômetro parar, retire as bolas e seque com uma assadeira. Aqueça uma frigideira em fogo médio e cozinhe 1/2 xícara de pesto. Adicione as almôndegas e misture bem. Coloque 2 almôndegas em cada pão de hambúrguer.

Peito de Peru com Nozes

Preparação + tempo de cozimento: 2 horas e 15 minutos | Porções:
6

Ingredientes:

2 libras de peito de peru em fatias finas

1 colher de sopa de raspas de limão

1 xícara de nozes picadas finamente

1 colher de sopa de tomilho picado

2 dentes de alho esmagados

2 colheres de sopa de salsa fresca, picada finamente

3 xícaras de caldo de galinha

3 colheres de sopa de azeite

Endereços:

Lave a carne em água fria corrente e escorra em uma peneira. Esfregue com as raspas de limão e transfira para um saco grande selado a vácuo junto com o caldo de galinha. Cozinhe em Sous Vide por 2 horas a 149 ° F. Retire do banho-maria e reserve.

Aqueça o azeite em uma frigideira média e acrescente o alho, as nozes e o tomilho. Mexa bem e cozinhe por 4-5 minutos. Por fim, coloque o peito de frango na frigideira e doure um pouco dos dois lados. Sirva imediatamente.

Prato de peru com especiarias

Preparação + tempo de cozimento: 14 horas e 15 minutos |
Porções: 4

Ingredientes

1 perna de peru

1 colher de sopa de azeite

1 colher de sopa de sal de alho

1 colher de chá de pimenta preta

3 raminhos de tomilho

1 colher de sopa de alecrim

Endereços

Prepare um banho-maria e coloque nele o Sous Vide. Defina para
146 F. Tempere o peru com alho, sal e pimenta. Coloque em um saco
selável a vácuo.

Solte o ar pelo método de deslocamento de água, feche e mergulhe
a bolsa na banheira. Cozinhe por 14 horas. Feito isso, remova as
pernas e seque.

Peru em Molho de Laranja

Preparação + tempo de cozimento: 75 minutos | Porções: 2

Ingredientes:

1 quilo de peito de peru, sem pele e desossado

1 colher de sopa de manteiga

3 colheres de sopa de suco de laranja fresco

½ xícara de caldo de galinha

1 colher de chá de pimenta caiena

Sal e pimenta preta a gosto

Endereços:

Lave os peitos de peru em água fria corrente e seque. Deixou de lado.

Em uma tigela média, misture o suco de laranja, o caldo de galinha, a pimenta caiena, o sal e a pimenta. Misture bem e coloque a carne nesta marinada. Leve à geladeira por 20 minutos.

Agora, coloque a carne junto com a marinada em um saco grande selado a vácuo e cozinhe em Sous Vide por 40 minutos a 122 F.

Em uma panela média antiaderente, derreta a manteiga em fogo alto. Retire a carne do saco e coloque na panela. Frite por 2 minutos e retire do fogo.

Pernas de peru com tomilho e alecrim

Preparação + tempo de cozimento: 8 horas e 30 minutos | Porções: 4

Ingredientes

5 colheres de chá de manteiga derretida

10 dentes de alho picados

2 colheres de sopa de alecrim seco

1 colher de sopa de cominho

1 colher de sopa de tomilho

2 pernas de peru

Endereços

Prepare um banho-maria e coloque nele o Sous Vide. Defina-o para 134F.

Combine o alho, o alecrim, o cominho, o tomilho e a manteiga. Esfregue o peru com a mistura.

Coloque o peru em um saco selado a vácuo. Solte o ar pelo método de deslocamento de água, feche e mergulhe a bolsa no banho-maria. Cozinhe por 8 horas.

Assim que o cronômetro parar, remova o peru. Reserve os sucos do cozimento. Aqueça uma grelha em fogo alto e acrescente o peru. Polvilhe com os sucos do cozimento. Vire e polvilhe com mais sucos. Reserve e deixe esfriar. Participar.

Peito de Peru com Cravo

Preparação + tempo de cozimento: 1 hora e 45 minutos | Porções: 6

Ingredientes:

2 libras de peito de peru fatiado

2 dentes de alho picados

1 xícara de azeite

2 colheres de sopa de mostarda Dijon

2 colheres de sopa de suco de limão

1 colher de chá de alecrim fresco, picado finamente

1 colher de chá de cravo picado

Sal e pimenta preta a gosto

Endereços:

Numa tigela grande, misture o azeite com a mostarda, o suco de limão, o alho, o alecrim, o cravo, o sal e a pimenta. Misture até incorporar bem e acrescente as rodelas de peru. Deixe de molho e leve à geladeira por 30 minutos antes de cozinhar.

Retire da geladeira e transfira para 2 sacos seláveis a vácuo. Feche os sacos e cozinhe em Sous Vide por uma hora a 149 F. Retire do banho-maria e sirva.

Peito de Peru com Endro e Alecrim

Preparação + tempo de cozimento: 1 hora e 50 minutos | Porções: 2

Ingredientes

1 quilo de peito de peru desossado

Sal e pimenta preta a gosto

3 raminhos de endro fresco

1 raminho de alecrim fresco picado

1 folha de louro

Endereços

Prepare um banho-maria e coloque nele o Sous Vide. Defina-o para 146F.

Aqueça uma frigideira em fogo médio, acrescente o peru e doure por 5 minutos. Reserve a gordura. Tempere o peru com sal e pimenta. Coloque o peru, o endro, o alecrim, o louro e a gordura reservada em um saco selado a vácuo. Solte o ar pelo método de deslocamento de água, feche e mergulhe a bolsa no banho-maria. Cozinhe por 1 hora e 30 minutos.

Aqueça uma frigideira em fogo alto. Assim que o cronômetro parar, retire o peru e transfira-o para a frigideira. Seque por 5 minutos.

Pato Doce Assado

Preparação + tempo de cozimento: 3 horas e 55 minutos | Porções: 4

Ingredientes

6 onças de peito de pato desossado

¼ colher de chá de canela

¼ colher de chá de páprica defumada

¼ colher de chá de pimenta caiena

1 colher de sopa de tomilho

1 colher de chá de mel

Sal e pimenta preta a gosto

Endereços

Prepare um banho-maria e coloque nele o Sous Vide. Defina para 134 F. Seque o peito de pato com uma assadeira e retire a pele, tomando cuidado para não cortar a carne. Tempere com sal.

Aqueça uma frigideira em fogo alto. Doure o pato por 3-4 minutos. Retire e reserve.

Em uma tigela, misture o colorau, o tomilho, a pimenta caiena e a canela e misture bem. Marinar o peito de pato com a mistura. Coloque em um saco selável a vácuo. Adicione 1 colher de sopa de mel. Solte o ar pelo método de deslocamento de água, feche e mergulhe a bolsa no banho-maria. Cozinhe por 3 horas e 30 minutos.

Assim que o cronômetro parar, retire o saco e seque. Aqueça uma frigideira em fogo alto e doure o pato por 2 minutos. Vire e cozinhe por mais 30 segundos. Deixe esfriar e sirva.

Peito de pato com tomilho t

Preparação + tempo de cozimento: 2 horas e 10 minutos | Porções: 3

Ingredientes:

3 (6 onças) de peito de pato, com pele

3 colheres de chá de folhas de tomilho

2 colheres de chá de azeite

Sal e pimenta preta a gosto

Ingredientes:

Faça tiras transversais nos peitos sem cortar a carne. Tempere a pele com sal e o lado da carne com tomilho, pimenta e sal. Coloque os peitos de pato em 3 sacos seláveis a vácuo separados. Solte o ar e feche os sacos. Leve à geladeira por 1 hora.

Faça um banho-maria, coloque o Sous Vide nele e ajuste para 135 F. Retire os sacos da geladeira e mergulhe-os no banho-maria. Defina o cronômetro para 1 hora.

Assim que o cronômetro parar, remova e abra os sacos. Coloque uma frigideira em fogo médio, acrescente o azeite. Depois de bem aquecido, acrescente o pato e frite até a pele ficar crocante e a carne dourar. Retire e deixe descansar por 3 minutos e depois corte em fatias. Participar.

Confit de ganso laranja

Preparação + tempo de cozimento: 12 horas e 7 minutos + tempo de resfriamento | Porções: 6

Ingredientes

3 folhas de louro

6 pernas de ganso

10 colheres de chá de sal

6 dentes de alho esmagados

1 raminho de alecrim fresco, com caule

1½ xícara de gordura de ganso

1 colher de chá de pimenta

Raspas de 1 laranja

Endereços

Pincele as pernas de ganso com alho, sal, pimenta e alecrim. Cubra e deixe esfriar na geladeira por 12 a 24 horas. Prepare um banho-maria e coloque nele o Sous Vide. Defina para 172 F. Retire o ganso da geladeira e seque com um pano de prato.

Coloque o ganso, a gordura de ganso, as folhas de louro, a pimenta e as raspas de laranja em um saco selável a vácuo. Solte o ar pelo método de deslocamento de água, feche e mergulhe a bolsa no banho-maria. Cozinhe por 12 horas.

Assim que o cronômetro parar, retire o ganso do saco e limpe o excesso de gordura. Aqueça uma frigideira em fogo alto e frite o ganso por 5-7 minutos até ficar crocante.

Macarrão de Camarão com Limão e Queijo

Preparação + tempo de cozedura: 55 minutos | Porções: 4

Ingredientes

2 xícaras de acelga picada

6 colheres de sopa de manteiga

½ xícara de queijo parmesão

2 dentes de alho picados

1 limão ralado e espremido

1 colher de sopa de manjericão fresco picado

Sal e pimenta preta a gosto

1 colher de chá de pimenta vermelha em flocos

1½ libra de camarão, limpo, com cauda

8 onças de macarrão de sua escolha

Endereços

Prepare um banho-maria e coloque nele o Sous Vide. Defina-o para 137F.

Aqueça uma panela em fogo médio e misture a manteiga, a acelga, 1/4 xícara de queijo Pecorino Romano, o alho, as raspas e o suco de limão, o manjericão, o sal, a pimenta-do-reino e a pimenta vermelha em flocos. Cozinhe por 5 minutos até a manteiga derreter. Deixou de lado.

Coloque o camarão em um saco selado a vácuo e despeje a mistura de limão. Agite bem. Solte o ar pelo método de deslocamento de água, feche e mergulhe a bolsa no banho-maria. Cozinhe por 30 minutos.

Enquanto isso, cozinhe o macarrão conforme as instruções da embalagem. Escorra e coloque na panela. Assim que o cronômetro parar, retire o saco e transfira-o para a panela de macarrão. Cozinhe por 3-4 minutos. Cubra com o queijo pecorino restante e sirva.

Halibute com xerez doce e cobertura de missô

Preparação + tempo de cozimento: 50 minutos | Porções: 4

Ingredientes

1 colher de sopa de azeite

2 colheres de manteiga

⅓ xícara de xerez doce

⅓ xícara de missô vermelho

¼ xícara de mirin

3 colheres de sopa de açúcar mascavo

2½ colheres de sopa de molho de soja

4 filés de alabote

2 colheres de sopa de cebolinha picada

2 colheres de sopa de salsa fresca picada

Endereços

Prepare um banho-maria e coloque nele o Sous Vide. Defina para 134 F. Aqueça a manteiga em uma panela em fogo médio-baixo. Adicione o xerez doce, o missô, o mirin, o açúcar mascavo e o molho de soja por 1 minuto. Deixou de lado. Deixar esfriar. Coloque o linguado em 2 sacos seláveis a vácuo. Liberar o ar pelo método de deslocamento de água, selar e mergulhar os sacos no banho-maria. Cozinhe por 30 minutos.

Assim que o cronômetro parar, retire o linguado dos sacos e seque com um pano de prato. Reserve os sucos do cozimento. Aqueça uma panela em fogo alto e despeje o suco do cozimento. Cozinhe até reduzir pela metade.

Numa frigideira aqueça o azeite em lume médio e transfira os filés. Sele por 30 segundos de cada lado até ficar crocante. Sirva o peixe e regue com Miso Glaze. Decore com cebolinha e salsa.

Salmão Crocante com Cobertura de Gengibre Doce

Preparação + tempo de cozedura: 53 minutos | Porções: 4

Ingredientes

½ xícara de molho inglês

6 colheres de sopa de açúcar branco

4 colheres de sopa de mirin

2 dentes de alho pequenos picados

½ colher de chá de amido de milho

½ colher de chá de gengibre fresco ralado

4 filés de salmão

4 colheres de chá de óleo vegetal

2 xícaras de arroz cozido, para servir

1 colher de chá de sementes de papoula torradas

Endereços

Prepare um banho-maria e coloque nele o Sous Vide. Defina-o para 129F.

Combine o molho inglês, o açúcar, o mirin, o alho, o amido de milho e o gengibre em uma panela quente em fogo médio. Cozinhe por 1 minuto até que o açúcar se dissolva. Reserve 1/4 xícara de molho.

Deixar esfriar. Coloque os filés de salmão em 2 sacos seláveis a vácuo com o molho restante. Liberar o ar pelo método de deslocamento de água, selar e mergulhar os sacos no banho-maria. Cozinhe por 40 minutos.

Assim que o cronômetro parar, retire os filés dos sacos e seque-os com um pano de prato. Aqueça uma panela em fogo médio e cozinhe a xícara de molho por 2 minutos até engrossar. Aqueça o óleo em uma frigideira. Sele o salmão por 30 segundos de cada lado. Sirva o salmão com molho e sementes de papoula.

Peixe Cítrico com Molho de Coco

Tempo de preparo: 1 hora e 57 minutos | Porções: 6

Ingredientes

2 colheres de sopa de óleo vegetal

4 tomates, descascados e picados

2 pimentões vermelhos cortados em cubos

1 cebola amarela cortada em cubos

½ xícara de suco de laranja

¼ xícara de suco de limão

4 dentes de alho picados

1 colher de chá de sementes de cominho esmagadas

1 colher de chá de cominho em pó

1 colher de chá de pimenta caiena

½ colher de chá de sal

6 filés de bacalhau, sem pele, em cubos

14 onças de leite de coco

¼ xícara de coco ralado

3 colheres de sopa de coentro fresco picado

Endereços

Prepare um banho-maria e coloque nele o Sous Vide. Defina-o para 137F.

Misture o suco de laranja, o suco de limão, o alho, as sementes de cominho, o cominho, a pimenta caiena e o sal em uma tigela. Pincele os filés com a mistura de limão. Cubra e deixe esfriar na geladeira por 1 hora.

Enquanto isso, aqueça o azeite em uma panela em fogo médio e acrescente o tomate, o pimentão, a cebola e o sal. Cozinhe por 4-5 minutos até ficar macio. Despeje o leite de coco sobre a mistura de tomate e cozinhe por 10 minutos. Reserve e deixe esfriar.

Retire os filés da geladeira e coloque-os em 2 sacos seláveis a vácuo com a mistura de coco. Liberar o ar pelo método de deslocamento de água, selar e mergulhar os sacos no banho-maria. Cozinhe por 40 minutos. Assim que o cronômetro parar, retire os sacos e transfira o conteúdo para uma tigela. Decore com coco ralado e coentro. Sirva com arroz.

Haddock escalfado com limão e salsa

Preparação + tempo de cozimento: 75 minutos | Porções: 4

Ingredientes

4 filés de hadoque com pele

½ colher de chá de sal

6 colheres de sopa de manteiga

Raspas e suco de 1 limão

2 colheres de chá de salsa fresca picada

1 limão, esquartejado

Endereços

Prepare um banho-maria e coloque nele o Sous Vide. Defina-o para 137F.

Tempere os filés com sal e coloque-os em 2 sacos seláveis a vácuo. Adicione a manteiga, metade das raspas e suco de limão e 1 colher de sopa de salsa. Libere o ar pelo método de deslocamento de água. Transfira para a geladeira e deixe esfriar por 30 minutos. Sele e mergulhe os sacos em banho-maria. Cozinhe por 30 minutos.

Assim que o cronômetro parar, retire os filés e seque-os com um pano de prato. Aqueça a manteiga restante em uma frigideira em fogo médio e sele os filés por 45 segundos de cada lado, despejando a manteiga derretida por cima. Seque com um pano de prato e transfira para um prato. Decore com pedaços de limão e sirva.

Tilápia Crocante com Molho de Mostarda de Bordo

Preparação + tempo de cozedura: 65 minutos | Porções: 4

Ingredientes

2 colheres de sopa de xarope de bordo

6 colheres de sopa de manteiga

2 colheres de sopa de mostarda Dijon

2 colheres de sopa de açúcar mascavo

1 colher de sopa de salsa

1 colher de sopa de tomilho

2 colheres de sopa de molho de soja

2 colheres de sopa de vinagre de vinho branco

4 filés de tilápia, com pele

Endereços

Prepare um banho-maria e coloque nele o Sous Vide. Defina para 114 F.

Aqueça uma panela em fogo médio e adicione 4 colheres de sopa de manteiga, mostarda, açúcar mascavo, xarope de bordo, molho de soja, vinagre, salsa e tomilho. Cozinhe por 2 minutos. Reserve e deixe esfriar por 5 minutos.

Coloque os filés de tilápia em um saco selável a vácuo com molho de bordo. Solte o ar pelo método de deslocamento de água, feche e mergulhe a bolsa no banho-maria. Cozinhe por 45 minutos.

Assim que o cronômetro parar, retire os filés e seque-os com um pano de prato. Aqueça a manteiga restante em uma frigideira em fogo médio e doure os filés por 1-2 minutos.

Peixe-espada mostarda

Preparação + tempo de cozedura: 55 minutos | Porções: 4

Ingredientes

2 colheres de sopa de azeite

2 filés de peixe espada

Sal e pimenta preta a gosto

½ colher de chá de mostarda Coleman

2 colheres de chá de óleo de gergelim

Endereços

Prepare um banho-maria e coloque nele o Sous Vide. Defina para 104 F. Tempere o peixe-espada com sal e pimenta. Misture bem o azeite e a mostarda. Coloque o peixe-espada em um saco selável a vácuo com a mistura de mostarda. Libere o ar pelo método de deslocamento de água. Deixe descansar na geladeira por 15 minutos. Sele e mergulhe o saco em banho-maria. Cozinhe por 30 minutos.

Aqueça o óleo de gergelim em uma frigideira em fogo alto. Assim que o cronômetro parar, retire o peixe-espada e seque-o com um pano de prato. Descarte os sucos do cozimento. Transfira para a frigideira e sele por 30 segundos de cada lado. Corte o peixe-espada em rodelas e sirva.

Omeletes de peixe picante

Preparação + tempo de cozedura: 35 minutos | Porções: 6

Ingredientes

⅓ xícara de chantilly

4 filés de alabote, sem pele

1 colher de chá de coentro fresco picado

¼ colher de chá de pimenta vermelha em flocos

Sal e pimenta preta a gosto

1 colher de sopa de vinagre de cidra

½ cebola doce picada

6 tortilhas

Alface americana picada

1 tomate grande, fatiado

Guacamole para decorar

1 limão, esquartejado

Endereços

Prepare um banho-maria e coloque nele o Sous Vide. Defina-o para 134F.

Combine os filés com o coentro, a pimenta vermelha em flocos, o sal e a pimenta. Coloque em um saco selável a vácuo. Libere o ar pelo método de deslocamento de água, mergulhe a bolsa na banheira. Cozinhe por 25 minutos.

Enquanto isso, misture o vinagre de cidra, a cebola, o sal e a pimenta. Deixou de lado. Assim que o cronômetro parar, retire os filés e seque-os com um pano de prato. Usando um maçarico e doure os filés. Pique em pedaços. Coloque o peixe na tortilha, acrescente a alface, o tomate, o creme de leite, a mistura de cebola e o guacamole. Decore com limão.